AF195372

Impressum:

Alle weiteren Personen und Handlungen des Buches sind frei erfunden. Ähnlichkeiten mit lebenden oder verstorbenen Personen sind zufällig und nicht beabsichtigt.

Besuchen Sie uns im Internet:
www.papierfresserchen.de

© 2023 Herzsprung-Verlag GbR
Mühlstr. 10, 88085 Langenargen
info@papierfresserchen.de
Alle Rechte vorbehalten.
Erstauflage 2023

Das Werk einschließlich aller seiner Teile ist urheberrechtlich geschützt.

Cover: © andrew - Adobe Stock lizenziert
Backcover: © Dani Karl-Lorenz

Druck: Bookpress Polen

Bearbeitung: CAT creativ - www.cat-creativ.at

ISBN: 978-3-96074-743-7 - Taschenbuch
ISBN: 978-3-96074-744-4 - E-Book

Schnee,
der auf die Felder fällt

Geschichten und Gedichte für Jung, Älter und Alt

Dani Karl-Lorenz

Herzsprung-Verlag

Inhaltsverzeichnis

Prolog	7
Stark durch Stärke	8
Weisheiten	13
Stark durch Stärke	14
Tage der Hoffnung	16
Stark durch Stärke	17
Tagträume	19
Haus mit Fenster	31
Die schöne Wahrheit	33
Traue	35
Keiner	35
Höre zu	36
1967 – mein Jahr	37
Sommer	39
Zauber einer Zeit	40
Marzipantorte	42
Der Fingerring	44
Eisprinzessin	46
Ein Tag in Gelassenheit	48
Im Walde	50
Galopp	51
Tier-Tanz-Wahl	52
Tage	53
Juni	54
Halte fest den Sommertraum	55
Katze Katze, einen Schuss weg hat 'se	56
Kein Anpfiff unter dieser Nummer	58
Meine Erfahrung mit dem Übergewicht	59
Der Hund meiner Träume	60
Wahre Gefühle	61
Als ich weilte	62
Faktor X	63
Denkst du der Zeit	63

Schneefall in C-Moll	64
Peggy, die Hundedame, und der Schneefall	66
Eine Katze bei Schneefall	67
Ein Drache beim Drachensteigen	68
Tag der Erinnerung	70
Glück	71
Tage im Geben	72
Tage im Schnee	73
Katzenkind	74
Katzen	76
Herz aus Seide	77
Entschlüsse	79
Weitere Entschlüsse	80
Tage	81
In tiefster Einsicht	81
Fragezeichen	82
Die Katze	82
Wir sind	83
Der Rabe	85
Schmetterling	86
Wer meint ...	86
Der Wolf	87
Freiheit des Windes	89
In mir	89
Wenn Optimismus der Wegbegleiter ist	90
Mein innerer Weg zur Zufriedenheit	91
Dein Tag	92
Harmonie	93
Der Weg, den ich ging	94
Der Katze Traum	95
Der Ring	96
Der Sommer	97
Sommerzeit	97
Breite Sommer doch, du deine Flügel aus!	98
Das kleine Schloss der Einsamkeit	100
Gefunden	102
Was ich bin	103
Liebe kann ...	103
Vergissmeinnicht	104

Besinnlichkeiten	105
Der Drache und der Junge	107
Der Traum vom Traum	109
Die Kerze	112
Am Tage du	114
Wenn die Nacht anbricht	114
Immer wieder nur dich	115
Du gibst ...	115
Am Tage	116
Du – dich	116
Prinzessin Frei	117
Wie ich dich doch rief	118
Hinter dem Mond	119
Liebesschwüre	119
Katzes Traum	120
Du liebst mich	120
Ich schenke mich	121
Zweisamkeit	121
Im Dunkeln	122
Dich	122
Blatt im Wind	123
Schlaf	123
Wohin	124
Liebesreigen	124
Erwacht	125
Niemals mehr ohne dich	126
Dein und immer nur dein	127
Nie mehr im Niemandsland	128
Dein Tun	128
Wenn ich traurig bin	129
Du	129
Ich gehe mit dir	130
Wir sind stark	130
Dich und immer nur dich	131
Worte an dich	131
Sonnenschein	132

Prolog

Vielleicht ist es in meiner Erinnerung nur so kalt. Vielleicht ist es wirklich kalt. Nicht nur vielleicht, meine Zehen sind kalt. Ich stehe auf, hole meine dickeren Wollsocken aus dem Regal für Socken und ziehe die Socken an. Dann meine Hausschuhe.

Es ist wieder Winter. Ein kalter Winter. Mich friert, ich gehe an den Schrank, suche mir eine weitere dicke Strickjacke heraus, ziehe sie an und es ist etwas wärmer.

Es ist Winter in diesem Jahr. Es ist das Virus-Jahr. Es war letztes Jahr schon ein Virus-Jahr. Wir sind und befinden uns in einem Pandemie-Jahr. Die Straßen sind verlassen, die Läden dicht. Mein Lieblingsitaliener bietet zwar Essen zum Abholen an, aber …!

Der Wirtschaft geht es nicht sonderlich gut. Es ist allgemein eine sehr drückende Stimmung. Viele, zu viele Menschen neigen zu Depressionen. Sie sind so viele emotional.

Dies könnte Science-Fiction sein, könnte es. Eine Science-Fiction-Geschichte. Man legt das Buch nach jeweiligem Wollen zur Seite und sonnt sich weiter am Pool im bevorzugten Urlaubsland. Doch so ist es nicht.

Urlaube sind nicht erlaubt. Reisen in andere Gegenden des eigenen Landes – nicht erwünscht. Reisen ins Ausland – geht nicht.

Friseure haben zu, Klamotten-Boutiquen und sogar die Spielhalle, in die ich nicht gehen würde ohnehin, hat geschlossen.

Das Virus! Sie verstehen.

Es ist Winter, ich friere. Ich bin älter, aber noch nicht so alt. Ich gehöre einer Risikogruppe an.

Weihnachten ist vorbei. Seit einigen Tagen schon. Weihnachten im Jahr des Virus. Dem Virus-Jahr. Dem ersten. Dem Jahr von Covids Anfängen. Es ist Winter – und wie kann es anders sein, es ist Schnee, der auf die Felder fällt.

Hier beginnt nun meine Geschichte. Im Jahr des Virus 2021. Eine Geschichte über ein Virus. Ich sitze an meinem Schreibtisch, an meinen PC. Vielleicht, ja vielleicht ist das Virus dann Vergangenheit, wenn meine Geschichte fertig ist. Vielleicht ist Covid, dann Geschichte. Nun fange ich zu schreiben an, es gibt wenig sinnvolles Tun. Sehen Sie sicher ein?

Stark durch Stärke

Der Junge Tobias
Es ist das Jahr 1990, aus Lautsprechern tönt laut Musik. Die Musikrichtung, die Sabine zum Weinen bringen könnte, nennt sich Techno.

„Techno hier, Techno da, es ist zum Haareraufen! Gut, Haareraufen könnte zu Haarausfall führen", so denkt sich Sabine, als sie die Jeans ihres Sohnes wegräumt, und lässt das Haareraufen doch noch weg. Ihre lange Mähne, da ist sie stolz drauf. Blond, schön, wild und lang. Hat auch gedauert, bis die blonde Mähne eine lange, blonde Mähne war.

Sabine ist 32, freundlich, hilfsbereit, eine liebevolle Mutter und Ehegattin. Sie ist mit Sebastian verheiratet. Sebastian ist der Vater von Tobias und der geliebte Ehegatte von Sabine. Gemeinsam sind die drei eine kleine Familie in einem Reiheneckhaus. Mit Garten! In dem Garten blühen um diese Zeit gerade die ersten Krokusse. Dann Narzissen. Und Tulpen tummeln sich in den dafür geeigneten Abschnitten des Gartens. Nicht zu groß, aber auch nicht zu klein der Garten. Eine Terrasse hat der Garten, dazu zwei Gartenliegen im Gartenbereich. Im Grünbereich.

Tobias CD-Deck plärrt morgens schon Techno. Laut, schräg und sehr schrill klingt es aus seinem Zimmer. Sabine, die gerade am Tisch Platz genommen hat, sieht sich nun gegenüber von Sebastian, diesen mit ernstem Ausdruck im Gesicht ansehen.

„Schatz, hast du was?"

Sebastian seinerseits blickt nun gestört von seiner Zeitung auf und bringt gerade noch ein: „Nein, wieso?", heraus, als er blitzschnell aufspringt, ins Bad läuft und sich übergeben muss. Die Geräusche sagen dies aus, die aus dem Bad kommen. Sabine steht an der Türe zum Bad, klopft leicht an die Türe und wartet.

Nach einiger Zeit kommt ein Sebastian aus dem Bad, der wieder völlig fit aussieht. Er setzt sich an den Tisch, schlägt nun den Sportteil der Zeitung auf und trinkt weiter seinen Kaffee. Dann legt sich Schweigen über den Frühstückstisch. Der Vorfall ist nun dabei, vergessen zu werden.

Aus dem Zimmer des Jungen hört man weiterhin Musik, irgendwas, so erkennt Sabine, von *Händen in die Luft tun*. Sie lächelt leicht, als sie am Zimmer des Jungen vorbeigeht. Er nimmt nun doch die Kopfhörer, nachdem seine Mutter an die Tür geklopft hat und: „Bitte etwas leiser!", zur

Zimmertür sprach. Das plötzliche Glitzern, in strahlendem Gelb, seiner Augen sieht sie nicht. Sie lächelt, als sie hört, wie die Musik verstummt. Braver Junge!

Sebastians Übelkeit
Es ist Wochenende. Frühling. Die Sonne lässt sich schon blicken. Gerade waren Herr und Frau Sturm von gegenüber da auf einen Kaffee und einen Plausch, als Sebastian wieder versucht, schnell ins Bad zu eilen. Sabine sieht ihm nach, entschuldigt ihn bei den Sturms mit den Worten: „Keine Ahnung, was er hat, er hat seit Tagen immer wieder Übelkeit, die dann schnell vergeht!"

Nach geschätzten zehn Minuten und gefühlten 35 Minuten kommt ein blasser Sebastian zurück. Er setzt sich und alles ist wieder gut. Er lächelt. Herr Sturm erzählt von einem witzigen Malheur eines Kollegen bei der Arbeit und alle vier Personen am Tisch lachen.

Tobias kommt ins Zimmer, grüßt, wenn auch wortkarg, und verschwindet wieder in seinem Zimmer. Wieder läuft nach sehr kurzer Zeit Techno. Anderes Lied zwar, aber ebenso laut, schräg und schrill.

Sabine weiß von Tobias, dass es Techno ist. Sie hört lieber andere Musikrichtungen. Deep Purple, Dire Straits, auch mal Elvis, Joe Cocker, diese Richtung. Auch mal Klassik, zum Kochen.

„Kulinarische Klasse von Klassik", lacht sie immer, sich mit diesen Worten selbst auf den Arm nehmend. Denn sie mag das Kochen nicht, Backen ist ihr ein Graus. Nur kann sie nicht immer von Burgern, Pizza und Wiener Würstchen leben. Sieht sie ein. Sie hat extra wegen der Familie einen Kochkurs an der VHS belegt. Von daher sollte es gelingen, ein Gericht zu zaubern, nur wollen will sie es nicht so gerne. Tut es aber für Mann und Sohn.

Nun essen Sabine und Sebastian mit den Sturms den gekauften Kuchen, einen Apfelkuchen. Trinken dazu Kaffee. Von der gewesenen Übelkeit keine Spur mehr bei Sebastian.

Nachdem die Sturms gegessen und den Kaffee getrunken haben, verabschieden sich alle und Sebastian geht in den Garten. Er holt den Rasenmäher aus der Garage und fängt auch sofort mit dem Mähen des Rasens an. Techno klingt währenddessen laut aus seinem Kinderzimmer.

Tobias, 14 Jahre alt. Techno-Fan! Seine Mutter klopft gegen die Lautstärke an die Tür. Nichts. Tobias reagiert nicht. Sabine klopft erneut. Wieder nichts. Mit einem strahlend gelben Leuchten in den Augen blickt Tobias an die Türe, lächelt. Das Leuchten vergeht sofort, als die Türe aufgeht.

Seine Mutter tritt ein, Tobias lächelt, macht die Musik aus und geht in den Garten. Ohne ein Wort zu sagen. Sabine fragt sich, was nur mit Tobias los sein könnte. Er ist seit zehn Tagen verschwiegen wie ein Grab. Sebastian übergibt sich seit zehn Tagen.

„Was ist nur los? Langsam wäre es mal an der Zeit, die zwei zum Arzt zu schicken", denkt sich Sabine und folgt dann ihrem Sohn in den Garten.

Arztbesuche

Sabine hat für diesen Tag für ihre beiden Jungs einen Termin beim Hausarzt vereinbart. Beide besuchen diesen zusammen. Sebastian wie auch Tobias schwächen beim Hausarzt alles ab. Dieser untersucht sie, hört sie ab, stellt Fragen. Es fällt ihm nichts Großartiges an beiden auf. Er empfiehlt Sebastian Ruhe und verordnete Tobias Vitamine.

Der Arzt und Sebastians sehen nicht das kurze Leuchten in Tobias' Augen, als dieser ihnen den Rücken zuwendet, um zur Türe zu gehen.

Als beide das Sprechzimmer des Arztes verlassen haben, fühlt dieser sich plötzlich krank. Es ist ihm, als wäre mit den beiden letzten Patienten seine Kraft mit aus der Praxistüre gegangen. Er muss sich erschöpft für einen Moment an den Schreibtisch setzen, um zu Atem zu kommen. Die Luft bleibt im plötzlich weg. Genauso wie die Energie aus der Türe plötzlich verschwand. Dann ist der Spuk vorbei.

Der Arzt fragt sich, ob er nicht ein paar Tage Urlaub nehmen sollte vom Praxisgeschehen, und ruft die nächsten Patienten auf. Mit dem Aufrufen des nächsten Patienten aber ist der Urlaubsgedanke ebenso aus der Türe hinausgetreten, wie der Patient hineingetreten ist. Die Untersuchung fängt an. Später gönnt sich der Arzt einen schwarzen Tee, er trinkt und plötzlich eilt er ins Bad. Ihm ist sehr übel und er übergibt sich. Seine Gedanken sind bei dem Urlaub, als ihm schwindlig wird, er zusammenbricht. Die Arzthelferin eilt schon herbei, während eine andere Helferin den Notarzt ruft.

Von alledem haben aber weder Sebastian noch Tobias etwas mitbekommen.

Nach zehn Tagen Krankenhaus ist der Arzt wieder genesen und bei sich zu Hause. Feststellen konnte man nichts Schwerwiegendes an Erkrankung. Das Krankenhaus führte bei dem Arzt zahlreiche Untersuchungen durch.

Gartenarbeiten

Sebastian ist im Garten, die Sturms und die Holgers sind zum Grillnachmittag vorbeigekommen. Sebastian hat seit einigen Wochen Ruhe mit seiner Übelkeit und ist bester Stimmung. Die befreundeten Familien essen im Garten das Gegrillte. Nur Tobias hat sich das gegrillte Fleisch und das Grillgemüse sowie Brot ins Zimmer mitgenommen.

Wieder hört er Techno, dieses Mal, so glaubte Sabine herauszuhören, klingt es aber irgendwie anders. Sie kann nicht bestimmen, wie anders, aber die Klänge sind viel, viel schriller, es ist mehr ein Pfeifen. Oder bildet sie sich das Pfeifen ein? Jetzt ist dieses schrille Pfeifen weg.

„Ich bekomme noch Tinnitus,", denkt sich Sabine, verwirft den Gedanken schnell wieder und geht lachend an den Bierzelttisch, an dem sie im Garten sitzen. Die Stimmung ist ausgelassen, lustig und voll mit Humor und Heiterkeit.

Tobias, der die Musik ausgemacht hat, räumt den Garten auf. Sebastian verfolgt seinen Sohn bei den Arbeiten und fragt sich wieder einmal, was mit Tobias nur los ist. Er schweigt. So ist er doch sonst nicht. Verschwiegen! Doch seine Worte sind sehr wenig. Er spricht nicht mehr als das Nötigste.

Sturms, Holgers und Sabine und Sebastian erzählen aus ihren jeweiligen Alltagen und schon ist Sebastian wieder mit anderen Dingen beschäftigt. Es wird gelacht, dann geht es gegen Abend zu und das eine oder andere Bier wird getrunken, die Frauen trinken Wein. Die Stimmung wird ausgelassener, die Heiterkeit mehr und mehr. Die Musik der Erwachsenen wird lauter. Es werden Oldies gespielt. Nach einer längeren Phase des Musikhörens fängt man zu singen und zu tanzen an. Es ist ein wundervoller Abend, so finden die Erwachsenen.

Tobias ist in sein Zimmer gegangen. Laut, schrill und schräg. Nur ist die Richtung dieses Mal eine andere. Warum, kann Sabine nicht benennen, sie schweigt erstaunt und ist ängstlich. Erstmals kommt ihr der Verdacht, dass etwas anders sein könnte. Dies tut sie aber rasch mit dem Gedanken ab, dass sie nur vom Wein angeheitert und nun müde ist. So geht sie wieder weiter auf ein Gespräch mit den Nachbarn ein.

Niemand aber sieht das gelbe Leuchten in Tobias' Augen. Plötzlich ein Knall, irgendetwas wurde von den Katzen auf den Boden geschmissen.

Träume

Ängstlich, schweißgebadet und außer Atem schreckt Sabine hoch. Wieder einmal hatte sie diesen Traum. Wieder einmal ist sie verängstigt wie sonst kaum. Wieder einmal schläft Sebastian leicht schnarchend neben ihr. Wieder einmal ist ihr der Tiefschlaf ihres Mannes recht. Er dreht sich um, schläft weiter. Doch Sabine steht nun auf. Setzt ihre Beine auf dem

Boden. Bodenhaftung, ihr ist nach Bodenhaftung. Sie will sich jetzt auf die Schnelle eine Tasse Kaffee machen. Geht aus dem Schlafzimmer, vorbei an Tobias Zimmer, der sehr tief schläft, wie sie sich denkt. Die Zimmertüre ist leicht geöffnet, sie hört, steht vor der Tür und lauscht seiner Atmung.

„Alles in bester Ordnung", beruhigt sie sich selbst. Sie hatte wieder diesen Traum, dass Sebastian dieses Leuchten in den Augen hatte und Techno hörte. Wieder und wieder, so oft träumt sie in unterschiedlichen Variationen diesen Traum. Warum und weshalb und wieso weiß sie nicht.

Ihre Träume ängstigen sie so sehr. Woher diese Unruhe und diese Spannung nach diesen Träumen kommen, weiß sie auch nicht. Seit Wochen diese Träume. Vielleicht liegt es an diesen Science-Fiction-Roman, den sie unlängst gelesen hat. Sie weiß es nicht. An diesen Tagen will sie nur nie wieder einschlafen. Albtraum an sich ist es keiner, aber er ängstigt sie sehr.

Sabine muss um 8.00 Uhr ihre Arbeit wieder aufnehmen. Sie muss wieder total Bodenhaftung haben, denn sie muss für ihre Kinder da sein. Sie betreut mit einer Kollegin eine Kindergarten-Gruppe. Ist halbtags Kindergärtnerin. Sie will nicht nur zu Hause sitzen, sondern geht stundenweise ihrem Beruf nach.

Manchmal verliert Sabine die Realität, scheint es ihr. Was ist echt, was eingebildet? Was ist nur mit ihr los? Ihre Träume, es kommt ihr so vor, als würde sie alles schon einmal erlebt haben. Ihr wird mehr und mehr unheimlich. Ängstlich.

Es ist ein Tag im April. Sie blickt auf die Uhr, ihr ist schwindlig, rasch setzt sie sich, ihr wird übel. Alles dreht sich. Eine Hand hält sie – Sebastian. Er ist aufgestanden, nachdem er wach geworden war und Sabine nicht neben ihm lag.

„Schatz, was ist mit dir?", hört sie Sebastian sagen.

„Mama …?!", hört sie noch Tobias' Stimme, dann fällt sie in Ohnmacht und dann weiß sie nichts mehr.

Weisheiten

Frage dich nicht,
ängstige dich nicht,
es hat einen Sinn
und der Sinn ist zu leben
und glücklich zu sein
am Tage und in der Nacht,
Stunde um Stunde
und Minute um Minute,
die Sekunden zeigen dir,
erlaube Heiterkeit des Lebens dir.

Bist du nie eins
mit dir
dann erlaube dir ein Lächeln
und fange an,
an dich zu glauben,
und beginne,
dich zu verstehen,
denn du selbst nimmst dich an der Hand
und fängst an.
glücklich zu sein.
Nur DU allein.

Bangen und Tränen
gehören zum Leben,
doch Hoffnung und Kraft
ist es, was in dir
so tief oft lacht.
Lachen und träumen
kannst du oft und viel,
es macht glücklich,
so du es willst.

Stark durch Stärke

Sanitätswagen – und wie eine Sirene klingt

Sie kommt wieder zu sich, findet sich in einen Sanitätswagen, das Blaulicht zeichnet sich durch Muster ab und die Sirene geht. Es kommt ihr so unendlich laut vor. Sie fühlt nichts. Sie friert, ihr ist kalt.

Sie blickt um sich, schließt wieder die Augen. Öffnet die Augen, eine Kanüle im Arm sieht sie. Sie fühlt sich ruhig in sich. Ein EKG zeichnet ihre Herztöne auf. Festgebunden liegt sie im Sanitätswagen, der immer weiter und weiter fährt. Es dauerte, wie ihr scheint, eine Ewigkeit. Doch beunruhigt ist sie nicht. Übel ist ihr auch nicht mehr.

Die Sirene, gut, die macht ihr Kopfzerbrechen. Sie versucht, in ihrem Kopf ein Lied zusammenzubringen. Ihre Gedanken spielen die Endlos-Melodie eines Liedes, das sie mag. Sie lächelt müde. Sie ist müde. Sie schläft wieder ein. Ist eingeschlafen. Sie träumt dieses Mal nichts.

Ein MRT untersucht, als sie in der Klinik angelangt ist, ihren Schädel und ein Kontrastmittel wird ihr verabreicht. Es dauert insgesamt nicht lange. 20 Minuten. Sie wacht zwischenzeitlich immer wieder kurz auf. Schläft wieder ein.

Später wird ihr ein Narkosemittel verabreicht, das Aneurysma, die Schwachstelle an der Arterie, die zu den Mangelerscheinungen im Gehirn führt, das haben sie anhand des MRT festgestellt, wird behandelt. Behoben. Sechs Stunden dauert ihre Operation, dann wird sie auf die Intensivstation verlegt. Danach in den Aufwachraum und anschließend in ein Zimmer. Das dauert zwei Tage.

Als Sabine wieder zu sich kommt in ihrem Stationszimmer, ist es hellster Tag. Vormittag. Sebastian und Tobias sitzen in dem Zimmer. Ihre Zimmernachbarin schläft. Sofort ist Sebastian und Tobias bei ihr.

„Mama, wie schön!", ruft Tobias aus und umarmte seine Mutter.

Sebastian lächelt Sabine liebevoll an, umarmt sie. Sie lächeln alle drei. Die Krankenzimmertüre geht auf und eine Schwester kommt herein. Sie fragt nach dem Befinden von Sabine, misst das Fieber und geht wieder.

Sabine versucht, sich an die Seite des Bettes zu setzen, und Sebastian hilft ihr. Ihr wird schwindlig und so legt sie sich wieder auf die Kissen ins Bett. Sie trinkt etwas, dann schläft sie ein. Sebastian und Tobias verlassen leise das Zimmer.

Es ist der erste Tag, den sie beide bei Sabine im Stationszimmer verbracht haben. Alles ist nochmals gut gegangen. Sebastian weiß, dass Sabine nach Hause kommen wird.

Tage der Hoffnung

Es gibt Tage der Sehnsucht,
des Mutes
und der Hoffnung.
Tage der Hoffnung in dir
machen dich stark,
so stark.
Und es ist da jemand,
der dir zutraut,
vertraut,
dass du stark bist,
und der dich mag.

Traue dir zu und hoffe,
glaube an dich
und habe den Mut,
sei stark
in deiner Kraf,
und sei heiter,
weil es ist die Kraft,
mit der du schon vieles
hast geschafft.
Und es ist der Mut,
mit dem du vieles noch schaffst.
Den Weg,
die Wege gehen,
heißt, nicht still zu stehen,
sondern mit deinem Mut
und deiner Energie,
die Wege zu gehen.

Und die Zeit wird vergehen,
da wirst du, rückblickend deiner Erfahrungen,
an deinem Ziel ... an deinen Zielen stehen.

Stark durch Stärke

Sie geht
Es ist schwer, aber sie schafft es. Das Zimmer dreht sich kurz, doch dann steht sie. Der Schwindel legt sich, doch sie steht. Gestützt von einer Schwester natürlich. Natürlich nicht alleine, doch sie steht.

Der nächste Morgen: Sie hat gefrühstückt und die Schwester, die hereingekommen war ins Krankenzimmer, hilft ihr beim Aufstehen. Der erste Schritt ist nicht einfach. Sie will gehen, sie will es so sehr. Doch es fällt ihr unendlich schwer. Sie steht, sie steht gestützt von der Schwester, doch ihre Gedanken haben keinen Einfluss auf ihre Beine und sie fängt zu weinen an. Die Tränen kommen ihr einfach so. Sie fühlt sie auf den Wangen. Sie weint bittere Tränen, es geht einfach nicht. Sie kann das Bein nicht bewegen, so sehr sie es auch will, sich konzentriert. Dann wird sie wieder müde. Dennoch, nach Zuspruch von der Krankenschwester, die ihr sagt, sie müsse es versuchen, sie müsse es, es wäre so wichtig für sie, schafft sie den ersten Schritt. Da lachte Sabine auf. Sie glaubt es nicht. Sie kann sich so schwer konzentrieren. Aber ihr Bein macht den ersten Schritt. Dann noch einen. Anschließend ist es Zeit für eine Pause. Für das erste Mal ist es genug für Sabine, befindet die Krankenschwester. Sabine liegt wieder im Krankenbett und ehe sie bis drei zählen kann, ist sie auch schon wieder eingeschlafen.

Schmerzen hat sie keine. Die Schmerzmedikamente sind hilfreich, die sie bekommt. Sie träumt, aber sie erinnert sich danach nicht mehr daran. Bis zum Mittagessen schläft sie. Ihr Körper braucht die Ruhe, die Erholung, den Schlaf.

Das Mittagessen in kleineren Mengen isst sie es, Hunger hat sie noch nicht. Es fällt ihr nicht leicht, den Löffel zu halten, den es zur Suppe gibt. Zu oft findet sie ein Vakuum in ihren Kopf, das das Denken schwer macht. Doch sie schafft es, ein paar Löffel Suppe zu essen. Das strengt sie derart an, dass sie wieder einschläft.

In ihren Kopf läuft eine Melodie ab. Ein Song. Sie liebt Musik. Musik ist wichtig für das Leben. Leben ist wie eine Melodie.

Tobias, der am Nachmittag mit seinem Vater kommt, sitzt neben ihr. Er hält ihre Hand. Langsam wacht sie auf und kommt zu sich. „Mama, stell dir vor, heute kam ein Test in Mathe heraus, ich hab eine Zwei", erzählt

Tobias und freut sich. Seine Mutter lächelt, fährt mit der Hand durch seine Haare. Streichelt diese. Sie ist stolz auf ihren Sohn. „14 Jahre alt", denkt sie sich, „und schon so stark!" Sie ist stolz auf ihn.

Durch Stärke stark
Es sind viele Tage ins Land gezogen. Sabine kämpft mit den Schritten, mit dem Essen und oft auch mit ihrer Traurigkeit. Leicht ist die Zeit nicht. Sie drängt die Tränen zurück, wieder und wieder. In den 14 Tagen, die sie im Krankenhaus verbracht hat, fehlen ihr Sebastian und Tobias sehr.

Weitere drei Wochen hält sie sich in der Reha-Klinik auf, sie kämpft wieder und wieder und weiter. Sie ist stark. Wird stärker und stärker mit ihrer Stärke. Nun kommt es immer öfter vor, dass sie lacht. Sie amüsiert sich mit den anderen Patienten*Innen. Ab und zu geht sie ins Café der Reha-Klinik und trinkt Kaffee, isst Kuchen. Sie wird stärker und stärker mit jedem Tag.

Ihre beiden, Sebastian und Tobias, besuchen sie regelmäßig in der Klinik. Lachen mit ihr, trinken zusammen mit ihr und oft essen sie in dem kleinen Café. Tobias bemüht sich immer, ihre Freude zu wecken und sie vor Heiterkeit strahlen zu lassen. Er ist ein guter Junge, ein liebevoller Sohn.

Einzig ein Sprachfehler bleibt. Sie kann nicht mehr richtig sprechen. In der Ergotherapie hilft man ihr viel. Sportlich geht es ihr besser. Sie kann wieder mehr Kondition aufweisen. Atemübungen fallen ihr leicht, sie lernt schnell. Als sie nach Hause gehen darf, sind alle glücklich.

Durch Stärke stark. Stark durch Freude und durch Wärme.

Das Leben geht weiter, auch wenn es den Schein hat, dass es keine Zukunft geben wird! Denke voller Positivität!

Das Schicksal sah vor, dass Sabine ein Leben erleben und weiterleben konnte. Gestärkt und mutiger, ruhiger und in Zukunft mit Gelassenheit beschenkt, geht es weiter, für Sabine.

Lebe dein Leben in Zufriedenheit.

Das Virus, das sie stark machte, hat einen Namen: Liebe. Überfällt es dich, bist du stark.

Tagträume

„Leni, Katzenvieh, hör bitte auf, den Vögeln Angst zu machen auf dem Balkon!", brüllte Gabriele laut zu Leni auf dem Balkon.

Gabriele war zarte 35 Jahre alt, sie war – eine Traumfrau! Blondes, langes Haar, eine gute Figur, die so manchen Mann außer Atem bringen konnte. Gabriele war Mutter einer kleinen Tochter. Lisa. Lisa war Gabrieles Tochter. Gabriele war alleinerziehende Mutter einer Tochter. Sie war verheiratet mit Christoph. Dem Vater von Lisa.

Leni folgte nicht die Spur. Da sagte Gabriele etwas unfreundlicher nun zur Silvia, sie möge die Katze in die Wohnung treiben.

Gabriele bewohnte mit Lisa und Leni eine Zweieinhalbzimmerwohnung. Sie wohnten in Freising. Freising in Oberbayern, in der Nähe von München. München in Bayern. Das, lieber Leser, liebe Leserin, wussten Sie natürlich.

„Freising ist immer einen kleinen Urlaub wert", dachte sich Silvia. Silvia war Gabrieles beste Freundin aus Regensburg und gerade zu Besuch bei Gabriele, Lisa und Leni. Leni war, wie bekannt sein dürfte, die Katze von Gabriele und Lisa. Lisa war fünf Jahre alt und besuchte einen Kindergarten in Freising. Da diese Geschichte erfunden ist, erfinde ich jetzt den Kindergarten Wunderland, der gleichzeitig auch ein Tageshort für kleine Kinder ist.

Lisa war unter der Woche, wenn Gabriele ihrem Job nachging, in eben diesem Hort. Gabriele war allerdings auch die Woche über mit Lisa zusammen, denn sie war Erzieherin in dem Kindergarten mit Hort.

Nun ja, also ... Silvia jagte Leni mit einem kleinen „Husch husch" in die Wohnung. Fort vom Balkon. Dann ging sie an den Kaffeeautomaten und ließ für sich und Gabriele eine Tasse Kaffee aus dem Automaten aus. Süßstoff nahmen beide Frauen und H-Milch. Da waren sich die Freundinnen einig. Lisa spielte jetzt in ihrem Zimmer. So konnten die Freundinnen ungestört plaudern.

Silvia war am Vormittag in Freising angekommen. Sie lebten nicht so weit voneinander entfernt. München erschien den beiden Frauen zu turbulent für diesen Tag. Es war nicht das erste Mal, dass sie in München die Nacht zum Tage hatten werden lassen.

Gabrieles Mutter, Lisas Oma, kam die beiden oft besuchen. Oder Gabriele fuhr an den Wochenenden mit Lisa zur Oma. Es wechselte sich ab. So waren Gabriele, ihre Mutter und Lisa zufrieden.

Christoph, Lisas Vater, kümmerte sich auch liebevoll um Lisa. Er war ein guter Freund von Gabriele geworden, ein zuverlässiger Vater für Lisa. Gabriele konnte zufrieden sein. Heute war das so. Aber sie hatten anfangs nicht immer rosige Tage nach der Scheidung, jetzt waren sie „best friends", wie Gabriele oft lachend zu Christoph sagte. Ein Wiederaufflammen des Beziehungs-/Ehefeuer würde es aber nicht mehr geben. Da waren sich die zwei einig.

Gabriele, 35, zauberhaft, attraktiv und in der Blüte ihrer Schönheit. Single-Frau, mit Witz und Humor. Aber warum ohne Mann? Mit einem Blick in den Spiegel fragte sich Gabriele, genau diese Frage. Sie fand keine Antwort darauf.

Nachdem der Sonntag sich langsam dem Abend zuneigte und Silvia die Heimfahrt angetreten hatte und Gabriele mit Lisa alleine war, machten sich beide in der Küche Pfannkuchen. Die Lieblingsspeise der beiden. Gabriele und Lisa freuten sich auf ihre Pfannkuchen. Gabriele aß ihre Lieblingsspeise mit Marmelade, genau genommen mit Erdbeermarmelade, und Lisa mit Zimt und Zucker. Dazu gab es für Lisa Früchtetee und für Gabriele Orangenlimonade. Wie es sich zu einem Pfannkuchen gehörte, gab es noch Birnenkompott.

Nach dem ausführlichen Essen und viel Lachen brachte Gabriele Lisa ins Zimmer. In ihr Bett. Sie erzählten sich noch ein Märchen, gegenseitig, dass Lisa besonders toll fand. Ihr Einschlafritual, dann fielen Lisa vor Müdigkeit die Augen zu.

Lisa schlief und Gabriele war auf ihrer Couch. Die Füße hatte sie hochgelegt, war eingemümmelt in eine Wolldecke, es ließ sich abends schon etwas vom nahenden Herbst erahnen. Musik klang leise aus den Lautsprechern. Gabriele war eine Frau, die gut mich sich selbst auskam. Dösend der Musik lauschend und etwas chillend. Oder sich in ein Buch vertiefend. Oder einen Film im TV ansehend. Oder oder oder. Sie war keine Frau, die sich alleine langweilte. Eins ihrer Hobbys war das Nähen. Sie nähte sich liebend gerne Kleidung nach Schnitten, die sie faszinierten. Vielleicht würde sie ein Mode-Label entwerfen. Das war ihr Traum. Doch in ihrer beruflichen Zeit war sie Erzieherin. Sie liebte ihren Beruf, die Arbeit mit den Kindern. Es wurde später, wurde kurz vor 22.00 Uhr und Müdigkeit überfiel Gabriele. Sie ging zu Bett und schlief sofort ein. Mit einem Lächeln. Doch, sie konnte sich glücklich schätzen.

Donnerstag. Der Freitag stand vor der Tür. Gabriele war einkaufen, hatte die Wohnung aufgeräumt, sogar die Teppiche nass gereinigt, damit kein Grund zur Klage war. Freitag würde Marion kommen, eine Anreise war geplant. Marion, Gabrieles Mutter, wollte ihrer Tochter und ihrer Enkelin aushelfen. Gabriele hatte ein Treffen mit ihren Freundinnen aus der Ausbildungszeit. Es hatten sich einige Freundschaften gebildet, die anhielten. Mit zwei ihrer Freundinnen wollte sie sich Freitag in Ismaning beim Griechen treffen. Ismaning bei München. Um alle Missverständnisse auszuräumen. Da lag es nahe, dass die Frauen noch einen Absacker in einer Bar machen würden. So war es für Marion eine Selbstverständlichkeit, ihrer Tochter zu helfen und auf Lisa aufzupassen.

Marion, eine moderne 56-jährige Frau, alleinlebend und selbstbewusst, war ihrer Tochter und ihrer Enkelin gerne eine Hilfe. Die beiden Frauen, Mutter und Tochter, vertrugen sich die meiste Zeit sehr gut. Wie Freundinnen, trotzdem oder natürlich kam es auch mal zu Meinungsverschiedenheiten bei der Erziehung der beiden Generationen. Marion war zudem der Meinung, dass ihre Tochter wieder einen Partner an ihrer Seite haben müsste. Außerdem würde Marion es gerne sehen, wenn Tochter und Enkelin näher bei ihr, bei Marion, leben würde. Marion hatte sich nach dem Tod ihres Mannes, Gabrieles Vater, in eine ländliche Gegend in Weiden zurückgezogen. Dort lebte sie sehr zufrieden, ruhig und beschaulich. Doch so alle drei bis vier Wochen zog es sie nach Freising zu Tochter und Enkelin.

„Mutter, bitte, Lisa darf heute bis 21.00 Uhr aufbleiben, wenn sie möchte, aber sie wird sowieso früher die Augen vor Müdigkeit nicht aufhalten können, und einschlafen", sagte Gabriele mit einem Fuß in der Jeans stehend, mit der Hand das Langarm-T-Shirt aus dem Schrank nehmend, zu ihrer Mutter. Nachdem sie die Haare nach dem Duschen getrocknet hatte sie und fertig geschminkt war, gab sie ihrer Mutter ein Bussi auf die Wange, nahm sie in die Arme und bedankte sich herzlich. Sie mochte ihre Mutter schon sehr. Trotz der Meinungsunterschiede.

Lisa lachte auf, als Gabriele sie leicht kitzelte. Die nahm ihre Tochter auch fest in die Arme und gab ihr ein Bussi auf die Stirn. Sie griff nach ihrer leichten Jacke, nach den Autoschlüsseln ihres kleinen Puntos und war schon aus der Türe des Mehrfamilienhauses verschwunden. Dann fuhr sie auf die Autobahn Richtung Ismaning. Sie freute sich schon sehr auf ein gutes Essen in toller Gesellschaft und viel heiteres Plaudern. Sie freute sich auf Klara, gut, okay, Klara (34) hatte sie am Freitagvormittag noch gesehen. Sie konnten sich nur schwer trennen, denn sie waren so etwas wie Seelen-Freundinnen. Beide hatten sie fünf Jahre als Erzieherinnen die

Schulbank gedrückt. Beide hatten sie Sorgen um einen Arbeitsplatz gehabt und beide hatten sie das sagenhafte Glück, in dem Kindergarten Wunderland eine Anstellung zu bekommen. Beide hatten Kinder, Töchter, beide Töchter waren Einzelkinder und beide Freundinnen waren geschieden.

Nur dass der Ex-Mann von Klara weiter weg wohnte. Seine Tochter seltener zu Gesicht bekam. Klaras Mutter und Vater aber wohnten im selben Ort, was es einfacher machte. Klara war zufrieden, wie es war. Sie war eine lebenslustige, junge Frau. Auch Klaras Tochter war in dem Kindergarten und so alt wie Lisa. Auch Lisa und Jasmin, Klaras Tochter, waren engste, beste Freundinnen.

Gabriele und Klara, die schon vor der Eingangstür des Restaurants auf Simone wartete, lachten, umarmten sich und dann Simone. Simone, verwitwet, Erzieherin in Oberschleißheim, Ort in der Nähe von München, war 48 Jahre alt. Sie begrüßte die beiden innig und herzlich. Die drei gingen an den Tisch, bestellten, und als das Essen auf dem Tisch stand, merkten die drei Frauen, wie kräftig der Hunger doch war. Es war ihr Lieblingsgrieche in der Gegend, regelmäßig trafen sie sich hier auf zu einem schönen Abend. Nach einem leckeren Cocktail in der Cocktailbar verabschiedeten sich die drei Frauen und fuhren jeweils in ihre Wohnungen.

Dort angekommen, ging Gabriele in ihr Wohnzimmer, legte sich zufrieden auf die Couch und ehe sie sich versah, war sie eingeschlafen. Im Traum lief sie entlang des Strandes ins Meer, sie begann zu schwimmen. Lachend, übermütig, die Sonne schien ihr ins Gesicht. Neben sich dieser gut aussehende Mann, der allerdings gesichtslos war, schwimmend. Sie schwammen auf eine Insel zu. Wie in Träumen üblich, war plötzlich diese Insel vor ihnen. Er zog sie mit seinem starken Armen aus dem Meer, am Strand konnte sie seine Umarmung erleben. Er zog sie fester an sich und sie küssten sich innig. Er sah ihr tief in die Augen, noch tiefer seine zarte Umarmung, und plötzlich hatte sie in ihrem Traum nur ein sanftes, weißes Nichts von einem Kleid an. Nackt unter dem Nichts aus Spitze.

„Mamaaaa, wo ist denn der Orangensaft?!", rief es in ihren Traum hinein.

Gabriele öffnete die Augen und sah direkt in das fragende Lächeln ihrer Tochter Lisa. Sie musste lachen. Ihre Tochter, der kleine Sausewind. Lisa lief gerade in die Küche.

„Gabriele, war das Essen gut?", hörte sie. „Gabriele, möchtest du ein Croissant zum Frühstück, ich war beim Bäcker nebenan?" Und: „Gabriele, was tust du auf der Couch statt in deinem Bett?"

„Genau, was tue ich auf der Couch?", fragte sich Gabriele selbst, stand auf und ging in ihr Schlafzimmer, um sich anzuziehen. Sie konnte sich nicht erinnern, wann sie das letzte Mal so müde gewesen und im Wohnzimmer in voller Montur eingeschlafen war. Doch heute war so. Dann setzte sie sich im Essbereich an den von ihrer Mutter und ihrer Tochter gedeckten Tisch und frühstückte.

„Mutter, ich bitte dich", sagte Gabriele und brachte das benutzte Geschirr in die Küche. Sie gab ihrer Mutter einen Kuss auf die Wange und umarmte sie. Nach dem gemeinsamen Mittagessen fuhr dann ihre Mutter heim. Gabriele und Lisa verbrachten den Nachmittag zusammen, aßen zu Abend und legten sich dann zum Schlafen ins Bett. Hundemüde beide.

Am folgenden Montag waren Klara und Gabriele gerade im *Traumzimmer* mit ihren Töchtern im Kindergarten Wunderland und sangen ein Kinderlied vom Träumen und von einer Zauberfee, das Klara sich ausgedacht hatte als die Leiterin des Kindergartens, als Tina Minz den beiden Erzieherinnen einen Mann mit Tochter vorstellte.

„Klara und Gabriele, das ist Herr Hulm, der seine Tochter Jessica zum ersten Mal zu uns bringt." Tina Minz führte Jessica ins Zimmer Traumzimmer und stellte ihr die anderen der sechs Kinder vor, darunter auch Lisa und Jasmin.

Klara und Gabriele, beide sahen zuerst nur Jessica an. Das kleine Mädchen, vier Jahre alt, hatte wunderschöne, schwarze, lange Haare und die blauesten Augen, die die Frauen je gesehen hatten, sowie und ein Lächeln, das Steine schmelzen lassen konnte.

Herr Hulm betrat nach Jessica das Zimmer und das war der Moment, als es Gabriele die Stimme verschlug. Sie räusperte sich, aber brachte vor Schüchternheit kein „Hallo" heraus. Stumm blieb ihr also nur ein Nicken des Kopfes. Klara, der das nicht entging, begrüßte Herrn Hulm freundlich. Die drei Frauen kümmerten sich nun um Jessica.

Nachdem die Formalitäten geklärt waren und Herr Hulm wieder gegangen war, nahmen die zwei Erzieherinnen Klara und Gabriele das Mädchen in ihre Mitte. „Herr Hulm, also dein Papa, ist in drei Stunden wieder bei dir!" So verging der Vormittag wie im Fluge.

Als Herr Hulm seine Tochter Jessica abholen wollte, kam ihm Frau Minz entgegen. Sie sprachen ein paar Sätze, dann nahm er Jessica mit.

Gabriele hatte an diesem Nachmittag noch Dienst. Sie verließ mit Lisa gegen 15.00 Uhr den Kindergarten. „Schnell noch einkaufen", sagte Gabriele gerade zu Lisa, die aus den Punto stieg, und schon lachte Lisa leise. Sie lief auf ein Mädchen mit schwarzen Haaren auf dem Parkplatz des kleinen Supermarktes zu und schon war die beiden kleinen Mädchen in ein Gespräch verwickelt. Gabriele kam bei den Herren zum Stehen, es war Herr Hulm. Sie sah in seine Augen – oder vielmehr versank in seinen Augen. Natürlich war ihr das peinlich. Natürlich wollte sie ihn nicht so anstarren. Natürlich musste es ihm auffallen. Aber Herr Hulm sah nach Jessica und ging dann mit einer großen Einkaufstasche in den Supermarkt.

„Lisa, wartest du bitte …?", rief da Gabriele ihre kleine Tochter zurück, die mit Jessica vorangeeilt war.

Herr Hulm sah nun Gabriele an und meinte: „Lassen Sie die Kleine doch!" Gemeinsam gingen die vier dann, die Einkaufswagen vor sich herschiebend, die Regale entlang. Komischerweise kam es weder Gabriele noch Herrn Hulm in den Sinn, getrennt die Waren zu suchen, bis sie gleichzeitig hintereinander an der Kasse standen. Dann fingen sie zu lachen an. Es war ihnen beiden nicht aufgefallen.

Dann streckte Herr Hulm die Hand zu Gabriele aus und meinte: „Ich bin Frank. Sagen Sie bitte Frank zu mir!", und lachte Gabriele herzlich an.

Gabriele nahm seine Hand, drückte sie und antwortete: „Und ich bin Gabriele. Die Mama von Lisa. Das ist Lisa." Sie deutete auf das kleine Mädchen neben Jessica und meinte weiter: „Ich freue mich, dich kennenzulernen. Vielen Dank." Mit diesen Worten strahlte sie Frank an.

Das Eis schien zwischen ihnen geschmolzen zu sein. Eine Faszination füreinander war förmlich spürbar, wenn außer den Mädchen und der Kassiererin jemand die beiden Erwachsenen beobachtet hätte. Die Kassiererin lachte beide herzlich an.

„Auf Wiedersehen!", sagten Gabriele und Frank zu der Frau an der Kasse. Es war dann für sie keine Frage, dass sie ins Café nebenan gingen, es war wie selbstverständlich. Sie bestellten sich einen Kaffee, dann fing Frank an zu erzählen. Er erzählte von Jessicas Mutter. Mit der er eine Nacht erlebt hatte, die man als One-Night-Stand bezeichnen konnte. Keine Liebe. Es wollte sich keine Liebe finden zwischen den beiden. Die Frau, Frank fiel es schwer, zu erzählen, sie brach ihm dennoch das Herz. Doch wie im Rausch brach alles aus ihm heraus, er erzählte und erzählte. Nach dem Kaffee lud ihn Gabriele zu sich ein, er tat ihr leid. Sie wollte mehr, viel mehr von ihm erfahren. Woher aber war das Gefühl in ihr, seine Nähe so zu kennen? Wieso das so war, war ihr unklar, aber er zog sie unglaublich in seinen Bann. Die kleinen Mädchen spielten in Lisas Zimmer und bevor sie alle wussten, wie ihnen geschah, war es Abend.

Gabriele wusste, es war dumm, unvorsichtig. Sie wusste, es durfte so nicht sein, dass er in ihre Wohnung ging, und dennoch war sie unvorsichtig, naiv vielleicht. Und gutgläubig. Ihr war das in dem Moment, als er die

Wohnung verließ, so klar, doch er nutzte die Situation wie ein Gentleman nicht aus, er wollte, ja, er musste nur reden. Gabriele war diejenige, der er endlich – endlich alles erzählen konnte. Warum? Keiner wusste es. Frank nicht und Gabriele nicht.

Sie beließen es dabei. Es war der Zauber des Augenblicks. Es war ein „Magic Moment". Mit einem letzten Blick in die Augen verabschiedeten sie sich voneinander.

Im Traum: Gabriele lag im Bett in ihrem Schlafzimmer. Zugedeckt. Schwitzend. Schwer atmend. Im Schlaf. Wieder träumte sie. Sie war am Strand, laufend, im weißen, zarten Nichts. Einem Nichts von Kleid am Körper. Sie lief und lief. Im Traum lief sie an seiner Seite. Sie liefen beide den Strand entlang, liefen beide ins Meer und schwammen auf die Insel. Wieder. Wie im vorhergegangenen Traum der gewesenen Nacht. Sie stöhnte auf. Leise. Wie im Traum vorher gelangten sie an den Strand der Insel, verfielen in eine tiefe Umarmung. Sie spürte richtig seine Umarmung. Seine Hand wanderte entlang ihres Bauches nach oben. Sie spürte die Hand des gesichtslosen Mannes. Es war als, würde sie ihn seit langen, langen Jahren kennen, und doch war da ein Gefühl von Fremde in ihr. Dann träumte sie, dass ihr Nichts von Spitzenkleides zerriss und sie spürte die Tränen ihr Gesicht runterlaufen. Sie weinte. Ihr liefen die Tränen, als sie aufwachte. Sie trocknete die Tränen und war entsetzt. Was hatte das zu bedeuten? Was war nur los mit ihr? Dann schlief sie ein und verschlief – nun schon das dritte Mal – und kam zu spät in die Arbeit.

Nachdem sie die Türe hinter sich geschlossen und Lisa ihr Abendessen gekocht hatte, beide, Mutter und Tochter, gegessen, sich noch unterhalten und gespielt hatten, schickte Gabriele Lisa ins Bett. Gabriele, nun alleine im Wohnzimmer, spürte die Schwere in ihren Beinen und eine Müdigkeit. Sofort schlief sie ein und träumte wieder: Sie lief, lief und lief wieder am Meer entlang. Sie schwamm an seiner Seite zur Insel, lag wieder mit ihm auf dem Sand, der sich warm und wohlig anfühlte. Seine Hand streichelte ihren Bauch und ihr Nichts von weißem Kleid lag auf dem Sand. Wieder zerriss es plötzlich, wieder weinte sie im Traum. Wieder flossen die Tränen in der Realität ihr Gesicht hinab. Doch diesmal sprang sie auf im Traum, lief und lief den Strand entlang mit wehenden Haaren und Kleid. Er folgte ihr nicht. Sie lief alleine. Ihre Beine schmerzten. Dann wachte sie auf.

Ihr war übel, unwohl. Die Tränen trocknend stand sie auf.

Frank rief sie am Nachmittag an. Sie hatte ihren freien Tag, es war vereinbart, dass er sich bald bei ihr melden würde. Und das war eben der Nachmittag. Sie unterhielten sich, lachten gemeinsam und vereinbarten ein Treffen zum Essen. Italienisch, die Mädchen liebten Pizza, wollten sie heute essen.

Im Lokal angekommen, an den Platz gehend und mit einer gewaltigen Freude der vier Leutchen kamen sie lachend ins Gespräch. Dann eilte auch schon der Kellner herbei und sie bestellten je ihre Pizza. Nach einer kurzen Zeit standen Getränke und vier Pizzen am Tisch. Die vier ließen es sich schmecken. Gabriele und Frank waren sich einig, dass sie noch etwas zusammensitzen wollten. So fuhr er zu ihr in die Wohnung mit Jessica.

Eineinhalb Stunden vergingen wie im Fluge. Dann fuhr Frank heim mit einer kleinen Verabschiedung, bei der er Gabriele in die Arme nahm. Schüchtern beide, klar, aber es fühlte sich für beide vertraut und gut an. Innerlich seufzte Gabriele kurz auf. Verliebte sie sich etwa gerade? Tiefer in sich blickend fragte sich Gabriele, woher dieses auftretende Kribbeln im Magen kommen könnte, dann lächelte sie kurz. Frank sah ihr tief in die Augen. Sie verabschiedeten sich voneinander.

Wohlig schlief Gabriele ein. Diesmal aber verlief die Nacht traumlos und erholt stand Gabriele an nächsten Morgen auf. Im Kindergarten wurde sie freudig begrüßt. Lisa lief in ihre Gruppe.

Frau Minz sprach mit den beiden Erzieherinnen Gabriel und Klara die Aufgaben des Tages durch. Simone kam später mit einem Tablett und Kaffee für Gabriele und Klara dazu. Die Frauen besprachen einen Ausflug, den sie mit der Gruppe machen wollten. Klein, fein und nicht weit entfernt auf einen Spielplatz. Für kurze Zeit. Auf einmal fiel es Gabriele schwer, Luft zu bekommen! Sie atmete hastig. Dann war es vorbei und sie konnte wieder normal atmen.

Die Tage zogen ins Land. Die Nächte vergingen. Die Freundschaft zwischen Frank und Gabriele schritt voran. Gabriele hatte sich die innere Frage, ob sie sich verlieben würde in Frank, mit deutlichen „Nein" beantwortet. Das Thema „Beziehung" kurz ansprechend, kamen beide zu dem Entschluss „nur" eine Freundschaft zu wollen. Diese bauten sie auf und aus. Mit Gesprächen, Treffen, Lachen und auch ernsten Themen. Mit Verbundenheit und auch dem Anvertrauen von schweren Gedanken, Problem des Alltags. Im Kindergarten kam Gabriele ihrer Arbeit nach. Frank und Gabriele trafen sich kurz jeden Tag zweimal, wenn Frank Jessica abholte oder in den Kindergarten brachte. Er selbst war Kalkulator in einer hiesigen großen Firma, in Freising. So verging die Zeit.

Der Herbst kam, es folgte ein Wetterwechsel. Schnee lag in der Luft und später auf den Wiesen, Feldern und auf der Straße, die Gabriele und Lisa zum Kindergarten brachte. Es wurde Heiligabend im Kindergarten vorbereitet. Der Heilige Abend, Weihnachten, wie sehr Kinder diesen Tag liebten. Wie sehr sie ihn mochten. Aber auch im Schnee zu spielen. Schlitten zu fahren. Das Brennen der Kerzenlichter zu sehen. Doch noch war es einige Tage bis Weihnachten. Die Kinder wurden ungeduldig.

Es war der 3. Dezember, drei Tage bis Nikolaus. Gabriele war bei der Arbeit. Sie sang gerade mit den Kindern ihrer Gruppe, als ihr schlecht wurde. Schwindlig und schwer. Ihre Beine versagten. Sie bekam keine Luft mehr und bekam es mit der Angst zu tun. Was geschah jetzt mit ihr? Lisa sah angstvoll auf und fing zu weinen an.

Frau Minz eilte in die Gruppe, besah sich die Situation und rief sofort den Notruf an. Erklärte die Situation. Dann rief sie Gabrieles Mutter an, deren Telefonnummer in den Unterlagen hinterlegt war. Da Gabriele alleinerziehend war, war Marion auch die erste Notfall-Adresse, wenn es Probleme gab. Wie jetzt eben. Klara war neben ihrer Freundin, bis der Notarzt kam, und tröstete Gabriele. Versuchte zu beruhigen. Klara bekam von Frau Minz frei für den restlichen Tag, um Gabriele beizustehen. Simone kümmerte sich um Lisa. Gabriele wusste, dass sie sich auf die beiden Frauen und Freundinnen verlassen konnten. Simone würde für Lisa da sein.

Der Notarzt und die Sanitäter waren vor Ort. Gabriele wurde in ein anderes Zimmer gebracht und untersucht. Der Verdacht und die Äußerung, sie hätte einen Herzinfarkt, brachten Gabriele völlig durcheinander. Machten ihr Angst. Sie spürte Tränen ihr Gesicht herunterlaufen. Mit aller Kraft konnte sie dann die Tränen zurückhalten. Sie kam sofort ins nächste Krankenhaus in die Notaufnahme. EKG wurde angeschlossen, Blut abgenommen. Sie wurde befragt. Dann wurde ein Herz-Ultraschall gemacht. Schnell schnell alles. Diagnose Hinterwand-Herzinfarkt. Sofort wurde sie für einen Stent vorbereitet. Beruhigend redete man auf Gabriele ein. Sie hatte große Angst. Sie dachte wieder an ihren Traum, das Beruhigungsmittel machte sie müde.

Als sie wieder klarer denken konnte, sie sich deutlicher ihrer Situation bewusst war, ihre Umgebung klarer aufnahm, fiel ihr ihre Lage ein. Man hatte ihr einen Stent gelegt. Sie hatte einen Herzinfarkt. Okay! Unwohlsein, Angst, dann die Sorge um Lisa. Was war mit ihrer Tochter? Wer war jetzt bei ihrer Tochter?

Sie fing vor Sorge zu weinen an. Tiefe Traurigkeit in ihr. Da öffnete sich die Tür des Überwachungsraums, in dem sie lag. Ihre Mutter kam rein und mit ihr ihre Tochter Lisa. Alle drei umarmten sich. Waren glücklich, sich zu haben. Sie weinten vor Erleichterung.

Gabriele blieb noch fünf Tage in der Klinik. Auch Frank besuchte sie oft. Sie redeten, erzählten und waren einfach nur froh. Sie beide waren überglücklich, dass es Gabriele besser ging.

Untersuchungen, Medikamente und die Fürsorge ihrer Mutter, ihrer Freunde und von Frank und nicht zuletzt die Kraft, die Gabriele in sich spürte, weil sie die Kraft für Lisa gerne aufbrachte, führten dazu, dass sie in ihre Wohnung fahren durfte. Sie fühlte sich besser. Drei Wochen vergingen, in denen sie, Gabriele mit Lisa, in einer Mutter-Kind-Rehaklink waren nach ihrem Herzinfarkt.

Einen Tag vor Heiligabend waren Lisa und Gabriele wieder zu Hause. Sie waren in ihrer Wohnung. Es war Mittag. Marion, Gabrieles Mutter, hatte gekocht. Sie hatte natürlich die Schlüssel zur Wohnung. Gabrieles Wohnung. Sorgte sie doch für Ordnung, während Gabrieles Abwesenheit. Gabriele musste sich um nichts kümmern. Lisa spielte in ihrem Zimmer und Marion hatte, wie konnte es anders sein, für einen Tannenbaum gesorgt. Das Wohnzimmer leicht weihnachtlich mit Kerzen und Kugeln dekoriert. Gabriele sollte keine große Arbeit haben. Zu sehr war sie froh, dass es Gabriele wieder besser ging.

Silvia war zu Besuch. Klara hatte zuvor noch Kuchen vorbeigebracht. Dann klingelte es an der Türe. Marion lachte leise auf. Gabriele öffnete die Türe und sah einen riesengroßen Blumenstrauß vor sich. Dahinter Frank. Sie lachte, glücklich. Wie sehr sie sich freute, Frank zu sehen.

Frank. Er hatte sie oft in ihrer Reha besuchen. Sie redeten viel, lachten viel und freuten sich aneinander. Wie sehr hatte Frank sich gesorgt um sie. Wie sehr genoss er ihr Lachen. Wie stark Gabriele doch war in seinen Augen. Wie dankbar Gabrieles Freundinnen und ihre Mutter waren, dass Frank an Gabrieles Seite in der doch schweren Zeit war. Sie wussten, jedes Wort von Frank war Wahrheit, echt, und Frank ließ Taten folgen. Er war die Zeit für Gabriele und Lisa da. Kümmerte sich um die zwei. Half aus, wo er konnte. Spendete Kraft und Mut. Zuversichtlich gab er ihnen Vertrauen. Aber eine Beziehung wollten Frank und Gabriele nicht. Sie wollten keine Enttäuschung. Keine Streitigkeiten. Wollten doch beide diese innige Freundschaft nicht verlieren.

Weihnachten wurde gefeiert. Ging vorbei. Genauso Silvester. Lisas Geburtstag folgte. Sie feierten miteinander. Wuchsen in Vertrauen, in Hoffnung und Mut zusammen. Gabriele nahm wieder ihre Arbeit im Kindergarten Wunderland auf.

Ihre Freundin Silvia kam vorbei. Christoph ließ sich regelmäßig blicken und mit den Kolleginnen traf sich Gabriele auch nach Feierabend. Die Kinder mochten sie und Lisa wuchs heran. Wurde größer. Es wuchs eine innige Freundschaft zwischen Frank und Gabriele.

Es war der 1. April. Fast erschien es Gabriele wie ein Aprilscherz. Nur war es keiner. Zeit war ein komisches Ding. Sie verging so, dass man oft dachte: „Die Zeit vergeht nie." Oder: „Vergeht die Zeit schnell, grad so, als wäre es gestern gewesen." Zeit war ein komisches Ding. Die Zeit brachte es, dass Lisa nun zehn wurde. Fünf Jahre waren vergangen. Gabriele fünf Jahre älter. Frank fünf Jahre älter und immer noch ihr bester Freund. Der beste Freund von Gabriele und Lisa. Freund der Familie. Da wurde er krank.

Er hatte eine lange Zeit, in der er einfach keine Kraft mehr hatte. Burn Out. Jessica wurde von Franks Mutter so derart schön betreut und versorgt, dass es Frank leichter fiel, seine Kleine zu seiner Mutter zu geben. Die Wochenenden, die Ferien. Jessica, nun auch schon neun Jahre alt und Freundin von Lisa, die beiden Mädchen wuchsen wie ihre Freundschaft, sorgte für eine gewisse Heiterkeit im Hause Hulm.

Frank nahm nun Medikamente, die eine Eingewöhnungszeit brauchten. Mutlosigkeit, Kraftlosigkeit und der Sinn nach Schlaf, Nichtstun, eine depressive Grundhaltung machten Frank das Leben schwer. Er ging wieder Gedanken durch, wie er versagt hatte bei dem Versuch, Jessicas Mutter von einer Beziehung zu überzeugen. Er litt. Sehr. Ihm tat seine Tochter sehr leid, manchmal tat sein Mitgefühl für sie ihm, Frank, richtig weh. Das Leben war nicht immer einfach. Nicht süß, wie ein Schokopudding. Er wünschte sich oft, das Leben wäre süß wie Schokopudding.

Leider war es das nicht immer. Oft, ja oft, kostete es Kraft. Viel Kraft. Oft kostete es viele Tränen. Doch an anderen Tagen, so erschien es Frank, war sein Lachen lauter als sonst vor Heiterkeit. Es ging im Leben bergauf und bergab. Steine lagen in seinem Leben im Weg. Er hob sie auf und baute damit Brücken. Brücken, die ihn zu anderen führten. Wie eben zu Gabriele und Lisa.

Ein sanftes Lächeln folgte einem ernsten Blick. Er dachte an einen Moment, in dem er und Gabriele sich mit Eis geärgert hatten. Die Freundschaft zu Gabriele war wundervoll und plötzlich schlug sein Herz schneller und lauter? Ihm kam es so vor! Ihr Gesicht erschien vor seinem geistigen Auge und er fragte sich, warum ihm nie dieses leuchtende Blau ihrer Augen aufgefallen war. Leuchtend, hell und mit einem herrlichen Blau. Er sah ihre Augen vor sich.

Plötzlich verschwamm ihm der Blick, ihm wurde schwindlig. Unklar sah er den Boden auf sich zukommen. Er fiel. Er fiel tiefer und tiefer. Dann nichts!

Aus seinem Schlaf aufwachend. Er hatte geträumt. Er wachte auf. Setzte sich auf. Er saß jetzt da. Auf der Couch saß er und fragte sich, was er da tun würde. War er umgefallen? Ohnmächtig geworden? Hatte er geträumt im Schlaf. Er musste geträumt haben.

„Frank, du hast geträumt", hörte er sich sagen.

Kopfschüttelnd ging er in die Küche, machte den Kaffeeautomaten an und wartete, dass der Automat startete. Er stellte ein Glas unter den Ausguss des Automaten. Drückte er den Knopf für Latte macchiato, nachdem er Kaffeebohnen in den Kaffeeautomaten eingefüllt hatte. Wie verlangt. Wie von ihm verlangt, trank er den ersten Schluck. Er trank einen Schluck Wasser, fühlte sich besser. Er fragte sich nun, und nicht zum ersten Mal an diesem Tag, warum er und Gabriele sich nicht nähergekommen waren.

Lange überlegte er, sah ihr lachendes so schönes Gesicht vor sich, dann klappte er sein Laptop auf, bestellte über einen Blumenservice einen Strauß Blumen, den dieser an Gabrieles Adresse mit einer Karte schicken sollten.

Auf der Karte stand: *Herzlich willkommen, in meinem Leben!* Unterzeichnet mit *Frank*.

So begann die Liebe und Nähe, eine Reise in die Verbundenheit zwischen Gabriele und Frank.

Haus mit Fenster

Es steht ein Haus auf einem Hügel. Nur in deinen Träumen, es ist das Haus deiner Persönlichkeit. Betritt dein Haus deiner Persönlichkeit und du wirst in diesem Haus viele Fenster entdecken. Fenster mit Blick nach draußen – und Blick in das Haus von draußen hinein. Dieses Haus bist du, dein Wesen, deine Art und deine Persönlichkeit.

Doch was wird man, wenn man durch die Fenster von draußen ins Haus blickt, entdecken? Geht man um das Haus, ein großes Haus zugegeben, denn klein ist keine Persönlichkeit.

Sehen wir uns einmal den Keller an. Dieses Haus hat einen Keller. Richtig. Der Keller ist ausgebaut, es sind einige Zimmer im Keller mit Fliesen hergerichtet. Die Fliesen deuten auf Kälte im Winter, man friert, doch auch auf Kälte im Sommer, die kühlt.

Wut ist eindeutig im Keller angesiedelt, denn Wut kommt oft die Treppen hoch in das erste Geschoss und tritt bei der Eingangstüre aus Glas an dem Haus in die Öffentlichkeit. Man kann im Zimmer, wenn die Wut einem widerfährt, frieren, huh ist das kalt. Doch kann Wut auch kühlen die Situation, wenn man einen Streitpunkt klärt. Wut, eine Empfindung. Ein Anzeichen, dass eine Situation geklärt werden sollte.

Zorn, eine Steigerung von Wut. Zorn ist in einem anderen Zimmer im Keller. Das Zimmer Zorn, die Wände wurden rot angemalt.

Hass, gut, auch noch ein Zimmer. Nicht schön, hier ist das Zimmer nicht ausgebaut. Es ist einfach ein Zimmer im Rohformat. Die Wände bröckeln leicht. Kein Zimmer, in dem wir uns aufhalten möchte, wenn wir so ins Zimmer von außen sehen. Blickst du im Zimmer Hass von drinnen nach draußen, so bist DU kein schöner Anblick. Hass wird nicht als attraktiv empfunden. Eher als abschreckend.

So, im Erdgeschoss haben wir das Bad, die Küche und einen Wohn-Essbereich, der gleichzeitig auch die Gäste beherbergt. Gäste, die sich in diesem Bereich aufhalten.

Bad ist das Zimmer der Reinigung. Du reinigst dein Gemüt des Öfteren zum Beispiel durch Meditation, durch Gefühle, die du zulassen kannst, durch Bodenhaftung, wenn du zu aktiv bist in den Gefühlen Zorn und Wut.

Die Küche dient zum Kochen und Erstellen von Speisen. Hungergefühle beseitigen durch Essen. Hunger kann die Befriedigung einer Begierde sein. Wie zum Beispiel, mehr Wissen durch Bildung ansammeln. Im übertragenen Sinne steht die Küche in deinem Haus für die Befriedigung. Die Erfüllung von Sehnsüchten, Hunger. Die Sättigung, auch Zufriedenheit.

Der Speise- und Aufenthaltsraum für Gäste kann einfach der Hunger nach sozialen Kontakten in dir bedeuten. Auch hier findet sich eine Befriedigung des Wunsches, nach Freundschaft/en, kurz sozialen Kontakten. Vereine, Kunstansammlungen, Theater und/oder Kino, Musicals, Konzerte, Museen, kurz Orte der Gemeinsamkeit.

Dann sehen wir eine Leiter am Haus, wir sehen sie in das erste und letzte Stockwerk deines Hauses führen. Das beinhaltet Schlafzimmer und Kinderzimmer und ein WC.

Im Schlafzimmer findet sich der Ort, an dem wir Gefühle wie Liebe, tiefe Gefühle und auch Sexualität finden. Das Kinderzimmer, die Kinderzimmer stehen für die Liebe zu den Kindern, dem Kinderwunsch an sich.

Gefühle wie Liebe, Harmonie, Treue, Zuverlässigkeit, Empathie, Zugehörigkeit sind sehr, sehr stark in einem und sie sind daher auch im obersten Stockwerk angesiedelt. Schwer zu finden, hat man sie, gilt es, das sie gepflegt werden, die große Liebe, die tiefen Gefühle.

Gleiches finden wir auch in der Liebe zu den Kindern, den Kinderwunsch in einem. Auch sie muss gepflegt werden. Gefühle und das Miteinander. Nicht alles als selbstverständlich voraussetzen. Es ist geben, annehmen und nehmen. Offen sein. Für den anderen, offen sein für das Kind/die Kinder. Nicht erwarten, sondern erhoffen.

Pflege dein Haus und blicke ab und zu aus den Fenstern, hinterfrage, was sieht der andere in dir, wenn er durch dein Fenster auf deine Gefühle sieht.

Die schöne Wahrheit

Lange, vor langer Zeit. Man kann sagen, es ist einige Zeit her. Einige Jahre, Jahrzehnte, vielleicht noch länger. Noch viel länger. Wer weiß? In dieser Zeit, es war eine Zeit der inneren Kälte. Der Egoismen, Einsamkeiten, Kämpfe und der steten Entbehrungen.

Nein, kein Land, das mal allgemein kennen könnte. Keine Zeit, die man sich vorstellen kann. Es ist ein Land in einer Zeit fernab der Zeit.

Eine Zeit auch der Legenden. Sagen. Erzählungen von Alt auf Jung. Von Held auf Kind. Am Kamin, am Lagerfeuer oder vielleicht – nur eine Geschichte von mir. Nicht – ja, nie geschehen. In einem Flussbett in diesem Land. In dieser Zeit. In einem Flussbett, irgendeinen. Ja, da fängt es an!

Ein Diamant, rein und voller klarer Weisheit, lag in dem Flussbett umgeben von tiefklarem Wasser, so leuchtend schön in seinem Blau, unvorstellbar in seiner Schönheit. Das Wasser umspielte den Diamanten und er fühlte in sich die Klarheit des Verstehens, Kennens und Erlebens. Wasser. Naturgewalt, klare Art des ewigen Fließens. Der Fluss der Vergangenheit, das Ziehen der Gegenwart und die Ahnung einer Zukunft. Still, weise, rein und klar lag er da, in dem Bette des Flusses. Der Diamant.

Zeiten, Zeit, die Zeit. Wahrheit der Zeit. Vergangenheit und doch auch die Gegenwart.

Diamant, Zeichen für die immerwährende Reinheit der Liebe.

An einem dieser sonnenklaren, sonnenscheinenden Tage war es, dass die hohen Berge, die den Fluss beobachteten, einen weiteren Stein ins Rollen brachten. Einen Saphir. Blau, klar, voller Schönheit und voller Tiefe.

Rollend, in Bewegung, in einem Werden. Sein und in sich tiefgründig, schön, in einem so wundervollen Blau wie der Himmel über den Bergen, über dem Fluss, schien der Saphir, als er zu Ende mit der Bewegung und vor dem Diamanten zur Ruhe kam.

Der Saphir strahlte in tiefstem Blau und der Diamant, der durch die Strahlen einer Sonne hell glitzerte, erhellte funkelnd den Moment, der tief und leuchtend in Blau war. Es war ein unglaubliches Schimmern, Glitzern und Leuchten, als die immerwährende Liebe des Diamanten auf die Ehrlichkeit und Treue des Saphirs leuchtete, und so, – ja so wurde die Wärme geboren – und die Wärme wurde auf die Erde gesendet.

Liebe, Ehrlichkeit, Treue, Weisheit, Wahrheit wurden durch die Edelsteine gesandt und die Menschen strahlten. Sie strahlten wie Diamanten und Saphire. Und der Himmel lachte in Blau und die Wolken schwebten in Weiß und die Sonne schien strahlend hell.

Ist es eine schöne Wahrheit?
Wer weiß, wer weiß?

Traue

Traue dich,
dir zu,
voller Mut
und Zuversicht,
bis der Zweifel
in
dir
erlischt.

Keiner

Keiner wagt es, zu wagen,
zu sagen,
vielleicht oft auch zu fragen,
oder
alle wagen zu fragen,
was sie beklagen.

Höre zu

Gehe in dich,
was sagt dein Gefühl,
höre dir zu,
wie du deinem besten Freunde zuhören würdest,
und
zeige dir selbst dein Interesse
an dir,
denn du bist es wert.
Für dich,
höre dir zu,
gib dir und nimm dir die Zeit.

1967 – mein Jahr

Also mal ehrlich, erinnert ihr euch? Schnee fiel.

Man – eigentlich ich als Kind, konnte mit dem Schlitten noch den Berg runterdonnern und mir die Lippen blutig beißen, wenn ich fiel. Die Handschuhe waren vom Schnee pitschepatsche nass, aber hey, es machte Spaß.

Schnee im Winter! Glühwein mit Plätzchen und Schlitten, der den Berg runterdüste. Wie mir schien, war mein Schlitten mehr eine Rakete, die den Berg runterdonnerte. Wenn ich stürzte, fiel mein Gesicht in eiskalten Schnee. Erinnere ich mich.

Ich erinnere mich auch an zerschlagene Knie im Sommer, wenn ich – es gab sie – Rollerskates fuhr. Wieder einen Berg hinunter.

Freunde, ehrlich, es war toll, mit seinen Freunden Fahrrad zu fahren. Zu fachsimpeln und neidisch zu werden, weil der Nachbar das Bonanza-Rad mir Mäderl ned lieh. Es gab Schmetterlinge im Sommer in Hülle und Fülle, denen ich als Kind nachjagte. Ich bin in Bayern geboren, in Bayern aufgewachsen und lebe in Bayern.

Brezn, Volksfesterl, mein Opa ging mit mir dorthin, natürlich war Oma auch dabei, fuhr mit mir Karussell. Ich durfte auch mein Kleingeld in Lose investieren. Ich sammelte für ein paar Groschen Nieten. Eh klar.

Mein Opa und meine Oma gingen mit mir auch Schlittschuhlaufen. Ich fiel, weinte und stand auf. Fiel wieder, ging dann weinend zu Opa, der mich tröstete. Bin ja ein Mäderl gewesen.

Im Fasching, manche sagen dazu Karneval, war ich Funkenmariechen, Prinzessin und auch einmal als Rotkäppchen verkleidet. Typisch Mäderle.

In der Schule, ja, ich war in der Schule. Keine schöne Zeit. Lassen wir diese traurige Tatsache.

Meine Eltern, sehr jung beide bei meiner Geburt, später dann älter, ich wurde ja auch jährlich älter, brachten mich der Musik nahe. Mein Vater spielte Gitarre, konnte Noten lesen, musizieren und war selbst mal aktives Bandmitglied einer Band. Es fing mit Elvis an, ging zu Abba über – und nun bin ich bei Dupstep, einer Musik-Richtung meines Sohnes gelandet. Musik ist so wichtig.

People are people, so ist es einfach. Doch in den Achtzigern konnte ich mich richtig austoben. Ich war ja schon erwachsen, glaubte ich. Mit den

Neunzigern und Scooters *Hyper Hyper* fand ich dann zu meinem Bauchnabel-Piercing, dass ich 2016 ablegte mit Zunahme meines Bauches. Meines Alters auch.

Die Tattoos, die dann mit *Lets get it started* kamen, auch ein Song dieser Zeit, blieben mir.

2000 dann, mein PC – Computer, gab nicht mit dem Millennium den Geist auf, mein MP3-Player dudelte meine Lieblingssongs, was ging, und mein Handy versendete SMS, weil das Handy es konnte, sangen mir die *No Angels* was vor.

Deutschland suchte den Superstar, Spongebob brachte mich gelegentlich zum Lachen und mein Sohn kam zur Welt und machte mich damit überglücklich. Tokio Hotel sang *Durch den Monsun* – und ich verfiel dem Konsum und rauchte.

Mittlerweile bin ich wieder älter, ich altere jährlich.

Heute finde ich Lieder von *Imagine Dragon* toll. Tanze zu Chelo *Cha Cha*, was ich nicht beherrsche, und stehe zu meinem Alter, mit Jammern. Jammern ist sinnvoll, wenn das Niveau passt.

Ich bin Waage, 1967 geboren, im Oktober. Bin 53, reif, aber kein bisserl weise.

Weiß werde ich langsam, leise na ja, manchmal, im Tiefschlaf, wenn ich nicht schnarche. Ich träume von Schokolade, die nicht die Hüften kugelrund werden lässt, mittlerweile rauche ich nicht mehr.

Ich war noch niemals in New York, esse meine Torten *aber bitte mit Sahne* und *Liebe ist ...* mir sehr wichtig.

Mein Mann, mein Sohn, meine Familie. Ich widme mir auch selbst Zeit und mag mich.

Sommer

Es ist
als wäre
es mir
Sommerzeit
ein
Sommer
ohne
Traurigkeit
und
ich
würde
gerne
in der Sonne
liegen
die Wolken
am Himmel
in
Gedanken verschieben.
Sommer.

Zauber einer Zeit

Wir wagten es, zu wagen,
uns so oft die Wahrheiten doch zu sagen,
und lebten in einer Zauberzeit,
zauberhaft,
ja, schon fast elfenhaft
war unsere Zeit,
Zauber einer Zeit,
Kindheit.

Sind wir den Berg hinabgeschliddert mit den Skiern,
bange war es oft,
oft ja mir,
es fuhren doch die Hölzer, wie sie wollten,
genannt da Ski,
gefroren in den behandschuhten nassen Händen,
und dann,
weiter den Weg,
weiter doch im Schnee,
es nahm keine Ende.

In der Wohnung roch es so stark nach Kakao,
es war der Zauber dieser Zeit,
ein frohgemutes,
besinnliches
und scheues Freuen,
was,
ja, was wird bald
die heilige Nacht da bringen,
und es ist
Zauber der Zeit,
Weihnachtszeit.

Nie vergessen ist die heilige Nacht,
die mir als kleines Kind
so viel Freude hat gebracht,
meine Eltern
und Großeltern
feierten mit mir Kind
dieses Fest,
mein Leben war ohne Bruder
und Schwester,
wie oft hab ich Geschwister
doch vermisst,
und doch es ist Zauber der Zeit,
für Gedanken der Traurigkeit
bleibt selten doch die Zeit.

Marzipantorte

Es war einmal eine kleine Maus, die wünschte sich viel, viel, viel zu fressen. Mäuschen sind so, sie wollen fressen. Am liebsten viel und oft und oft und viel. In einer Backstube, irgendwann im letzten Jahrhundert, lebte eine Maus, sie versteckte sich in der Koch- und Backstube der Bauersfrau. Es gab auch eine Katze. Katzentiere mögen auch fressen, viel und oft und oft und viel. Diese Katze aber war anders. Echt eigenartig. Sie liebte Marzipantorte. Echt! Wie, Sie kennen keine Katzen, die Marzipantorten fressen mögen? Aber ich hab doch geschrieben, diese Katze war anders. Die Maus war auch eine komische Maus. Katze und Maus, beide waren eigenartige Wesen. Gut, diese Geschichte ist auch eine eigenartige Geschichte.

Also, in der Backstube: Der kleine Junge der Bauersfamilie hatte Geburtstag und es gab – natürlich, wie auch anders, eine Marzipantorte. Der kleine Junge liebte Marzipantorte. Es war aber nur eine sehr kleine Torte, denn die Bauersfamilie war nicht gerade mit Reichtum beschenkt worden. Arm waren die Bauersleute. Sie lebten von dem, was die Felder hergaben. Sie hatten zwei Kühe, die Milch gaben. Zehn Hühner, die in regelmäßigen Abständen Eier gaben. Eier waren für Kuchen und Plätzchen gut. Aber auch zum Frühstück.

Die liebe Frau Bäurin nahm daher zwei Eier, die doch recht kostbar waren, für die Marzipantorte. Auch die Zutaten für Marzipan hatte sie angesammelt. So machte sie das Marzipan selbst. Die Torte war bald gemacht und so stand das Marzipangebäck nun auf dem Tisch.

Die Maus schmatzte, die Katze lachte und plapperte – und der Junge freute sich, als er die Torte geschenkt bekam.

„Mäuslein, Mäuslein, klein und frech, mit der Torte hast du Pech!", rief der Junge aus, schnitt ein Stücklein von der Torte ab und aß sie lachend auf!"

Die Maus schluckte. Darauf fing die Katze zu miauen an.

„Miau, miau, miau, Katze schau, die Torte schmeckt so fein und gut wie sie doch im Magen mir guttut!", sagte da der Junge.

Mit einem Satz war die Katze bei der Maus, die sie entdeckt hatte, war sehr wütend und jagte die Maus durch die Stube. Plötzlich sprang die Katze in wilder Jagd auf den Tisch, sie sprang mit einem Satz wieder hinab

– und da fiel die verbliebene, restliche Torte auf den Boden. Benno, der ältere Schäferhund aber, er verfolgte das Treiben der Katze mit der Maus, die sie fangen wollte, war mit einem Satz auf den Beinen bei der Torte und verschlag sie in einem Stück. Auch er mochte Marzipantorte. Sie waren alle komisch. Katze, Maus und Hund. Für einen Jungen war es eher normal, dass er Marzipantorte mochte.

Doch wer anderen nichts gönnt und selbst verdrückt, was ihn entzückt, geht leer aus, wenn der Vierte im Bunde kommt zur heiteren Runde und frisst das letzte Stück, wenn es ihm denn glückt.

Der Fingerring

An einem Finger war er zu sehen,
ein Fingerring gar fein,
doch an einer Hand war er allein
als Ring,
das fand der Ring nicht fein.

Eine feine Dame da von Welt,
die konnt den Ring
allein nicht lassen,
da nahm sie sich einen anderen Ring
mit Brilliantenschliff
und edler Fassung.

Noch immer war der Ring einsam
und wollte noch Gefährten,
da kaufte sich die Lady doch
noch einen Ring
und fand ihn
edel so mit einem Stein.

Bald aber war die Frau bestückt
an der Hand
da,
voller Ringe,
da sagte sich die Lady doch,
das es nicht so beschmückt ginge.

Dann war der Ring wieder allein
und alle Ringe fort,
sie waren in einem Schmuckkästchen,
dort
an einem anderen Ort.

Das Gedicht ist nun aus,
denn auch der letzte Fingerring,
der landete an diesem
Schmuckkästchen-Ort
und war von der Hand
ja fort.

Eisprinzessin

Es war ein kalter Tag, ein kalter Vormittag. Lisabeth lief den Weg zum gefrorenen See entlang. Es war vor langer Zeit. Sehr lange her.

Lisabeth war ein liebes Fräulein. Sie war 16 Jahre alt, ein Jungspund. Ihr blondes Haar flatterte im Wind während des Laufens. Sie hatte ihr Transistor-Radio mit Musik dabei. Sie würde bald auf dem See Schlittschuh fahren. Sie liebte es, sich zu drehen im Wind. Warm angezogen.

Der See war richtig fest zugefroren. Hier, an diesem eingeschneiten Ort, sagten sich Fuchs und Hase freundlich Hallo.

Die schneebedeckten Tannen standen um den See. Fichten und Birken tummelten sich ebenfalls um den See. Es war ein kleines, gefrorenes Stückchen See. Es war eine andere Zeit. In dem kleinen Dörfchen, in diesem Waldstückchen, das in der Nähe des Dorfes sich befand, war die Welt in Ordnung. Die Natur lachte zu jeder Jahreszeit.

Es war das Weihnachtsfest schon einige Tage vorbei. Es war im Januar in diesem seltsamen Jahr. Der Jahresanfang war ein paar Tage vorbei.

Lisabeth, schön warm angezogen, zog ihre Schlittschuhe an, begab sich sacht aufs Eis. Schon glitt sie auf dem Eis entlang. Sie fuhr, glitt über den See und war ganz in ihrer Welt versunken. Sie war und fühlte sich alleine. Kein Mensch außer ihr in der Nähe.

Dachte sie.

Sie glitt und fuhr, machte einen Sprung, eine Pirouette und landete graziös wieder auf dem Eis. Dann lachte sie laut auf. Sie lachte so übermütig. Sie war so voller Freude, dass sie wollte, der Tag würde nie enden.

Ein kleines Rehkitz sah nun aber doch neugierig aus dem Wald auf den See – und sah Lisbeth an. Lisabeth war voller Staunen. Das Rehkitz kam näher, näher und noch näher auf das Eis zu, sah Lisabeth interessiert an, und schon war es wieder in dem Wald verschwunden. Lisabeth lächelte. Leise. Still in sich hinein. War das ein süßes Rehkitz. Dann fuhr sie ihrer Wege, zog bald die Schlittschuhe wieder aus und lief nach Hause.

Auch an den nächsten Vormittagen lief die Lisabeth an den See, drehte mit den Schlittschuhen ihre Runden und wurde von dem Rehkitz besucht. Immer nur sehr kurz. Langsam kam das Lisabeth eigenartig vor. Sie ging beim nächsten Mal auf das Rehkitz zu und das Kitz ließ sich von Lisabeth leicht streicheln und ward bald darauf wieder im Wald verschwunden. Nachdem Lisabeth das Kitz gestreichelt hatte, war es verschwunden und kam nie wieder vorbei.

Es vergingen die Tage, die Wochen und es war ein Sommertag. Der Schnee war längst verschwunden und der Sonne und den Sommerwiesen gewichen. Der See lud nun Lisabeth zum Schwimmen ein. Sie war oft alleine. Nur an diesem Vormittag war sie nicht alleine. Sie schwamm. Sie schwamm ihre Runden. Ausgiebig. Munter und voller Freude.

Gerade als sie auftauchte, sah sie, wie ein junger Mann an den See kam. Bei ihm ein Reh. Es war unglaublich, doch es war das Rehkitz vor einst. Das Reh trank und der junge Mann redete auf sein Reh ein. Er streichelte den langen Hals. Das Reh war sehr zutraulich.

Lisabeth stieg langsam aus dem Wasser des Sees. Ging auf den jungen Mann zu, sah ihm in die Augen und war sofort verliebt in ihn. Er hatte strahlend blaue Augen. In Sonnenlichte glitzerten seine Augen wie das Wasser des Sees. Dann streichelte sie das Reh.

Der junge Mann verliebte sich ebenso in Lisabeth. Sie war das schönste Mädchen, das er je gesehen hatte und je sehen würde. Schüchtern streichelte Lisabeth das Reh, der junge Mann streichelte das Reh und während der Mann und Lisabeth das Reh streichelten, berührten sich ihre Hände zart. Er nahm ihre Hand, sie gab ihm ihre Hand, dann stiegen sie beide in den See. Verliebt und überglücklich – und das Reh war seit dieser Zeit an ihrer Seite.

Es war bald Hochzeit und sie lebten glücklich bis zum Ende. Aus der Eisprinzessin wurde eine Reh-Prinzessin.

Ein Tag in Gelassenheit

Stefanie sattelte Elni und freute sich schon sehr auf ihren Ausritt. Im Pferdestall war es sehr ruhig, es war frühester Morgen. Die Pferde blickten auch noch müde zu Stefanie hoch, auch Elni.
Elni war ein weißes Pferd. Eine Stute, sie erfreute die kleinen Kinder wie die jungen Erwachsenen allesamt. Elni ein wunderschönes, freundliches und friedliches Pferd. Nicht zu groß, aber auch nicht klein wie ein Pony.
Elni lächelte, wie es einem schien, immer freundlich. Nie war sie mürrisch, nie wild oder schlecht gelaunt. Ihr Wiehern war lustig, man musste lachen. Selbstverständlich. Elni war ein lustiges Pferd. Schön anzusehen. Hell, weiß, aber mit schwarzen Flecken an einem Bein. Dem rechten, vorderen Bein. Die Mähne war länger.
Stefanie ritt nun in den nahe liegenden Wald. Es war früher Morgen. Ein Frühlingsmorgen. Die Blume im Wald, sie schienen zu lächeln, Stefanie fühlte sich pudelwohl. Im Trab ritt sie den Waldweg entlang. Sie kannte diese Strecke so gut. Hatte so viele Male bei einem Ritt den Weg entlang immer wieder auf Elni gesessen. Manchmal sang die 16-jährige Stefanie auch Lieder. Leise. Gut, zugegeben. Sie lächelte freudig, sang und lächelte wieder.
Elni schüttelte leicht den Kopf und wieherte, als sie den Dackel laufen sah. „Elni, siehst du den Hund?", fragte da Stefanie. „Bleib ruhig, Elni, der Hund sieht nicht so aus, als würde er dir was tun!" Stefanie ritt langsamer, im Schritt. Der Hund schnüffelte an dem Baumstamm, blickte kurz hoch, den Kopf hebend, und lief weiter.
„Tobi, Tobi jetzt warte!", hörte sie einen jungen Mann rufen. Er war wohl um die 18, dachte sie. Stefanie lächelte zu dem jungen Mann und grüßte. Dann ritt sie weiter. Am Waldweg ritt sie weiter, nahm die Kurve im Galopp und ritt den anderen parallelen Weg zurück. Sie war glücklich. Elni war glücklich.
Der Ausritt war zu Ende, sie brachte Elni zurück in den Stall, bürstete sie, nahm den Sattel ab, gab ihr, Elni, zu trinken. Dann ging sie glücklich heim. Es war ein Ferientag und sie liebte sie sehr, ihre Freizeit. Ihre Jugend.
Zu Hause angekommen, das Frühstück machend, und Kaffee kochend, weckte sie anschließend ihre Mutter. Ihre Mutter war alleinerziehend, hatte aber einen Freund. Seit kurzer Zeit. Mit dem vertrug sich Stefanie gut.

Er wohnte nur nicht bei ihrer Mutter und ihr. Kam aber zu Besuch, oft am Wochenende, wenn es gelang, auch unter der Woche. Sie war zufrieden mit der Wahl ihrer Mutter. Sie war zufrieden, weil sie sah, dass es ihrer Mutter gut ging mit dem Mann.

Pferde waren Stefanies größtes Interesse, dann kam Musik. Einen Freund hatte Stefanie nicht. Es gab keinen, bei dem sie Herzklopfen bekommen hätte. Stefanie war erst 16. Lange, braune Haar umspielten ihr Gesicht, sie war sehr sportlich. Schwamm gerne und spielte Tennis. Wenn sie eine Möglichkeit fand.

Doch dieser junge Mann, wohl um die 18 Jahre, vielleicht 19, ging ihr nicht mehr aus dem Kopf. Sie, Stefanie würde aber wohl keine Chancen bei dem jungen Mann haben. Dachte sie. Damit ließ sie weitere Gedanken an ihn fallen und hörte ihre Lieblingssongs. Sang dazu und tanzte durch ihr Zimmer. Ihre Mutter konnte sie nun nicht mehr wecken, diese saß am Frühstückstisch und trank Kaffee, aß ein Honigbrot. Beide lächelten sich zu, als Stefanie sich eine Tasse Tee holte.

Elni wartete schon im Stall, als es für Stefanie Zeit war, einen Ausritt in den Wald zu wagen. Stefanie sattelte Elni, führte sie aus dem Stall und schon saß sie auf dem Rücken, der das Glück der Erde bedeutete, und ritt Elni. Sie gingen langsam im Schritt und schon ritten sie im Wald spazieren. Elni liebte es und Stefanie fühlte sich Elni so nah. Bald würde sie Geburtstag haben. Stefanie lächelte. 17 Jahre alt! Ein Alter, das Stefanie toll fand.

Schließlich galoppierten Stefanie zu dem Parallelweg im Wald und ritt Elni wieder in den Stall. Es war atemberaubend. Das Ausreiten im Wald, an einem schönen Frühlingstag, war sagenhaft. Es freute Stefanie sehr.

Der Tag des Geburtstages nahte. Sie würde mit ihrer Mutter und deren Freund feiern. Der Tag des Geburtstages fiel auf einen Freitag. Der Freund ihrer Mutter würde da sein. Gegen Mittag fuhren sie zu dritt zum Italiener. Stefanie konnte wählen, was sie wollte.

Am Nachmittag war es so weit. Mit Luftballons und Luftschlangen, ihre Mutter dachte manchmal noch, Stefanie wäre ein kleines Kind, gab es Tee, und Kuchen. Zwei Freundinnen von Stefanie feierten mit. Plötzlich klingelte es an der Tür. Der junge Mann aus dem Wald stand vor der Türe. Stefanie traute ihren Augen nicht. Konnte es sein? „Nein, ich sehe nur schlecht!", flüsterte sie sich zu.

„Hallo, ich bin Sven!", sagte der junge Mann. „Bist du Stefanie?"

Sie bejahte. „Ich habe etwas für dich, Stefanie!", sagte er ihr und lächelte über sein Gesicht. Er gab ihr ein Kuvert.

Es stand auf einer Karte:

Stefanie, Eigentümerin von Elni, hiermit wird Stefanie zur Besitzerin von Elni! Wir gratulieren zum Geburtstag. Familie Bergers.

Stefanie las die Karte ein zweites Mal, verstand nicht. Sie las noch einmal, dann fiel sie dem Jungen um den Hals und bedankte sich. Schüchtern, bewusst jetzt, was sie getan hatte, wurde sie rot im Gesicht. Er lachte sie freundlich an. Dann umarmte sie ihre Mutter und den Freund ihrer Mutter. „Mama, stimmt es?" Sie blickte fragend ihre Mutter an.

„Ja!", antwortete ihre Mutter. „Dir gehört ab heute Elni."

Stefanie war, so schien es ihr in dem Moment, die glücklichste 17-Jährige, die es auf der Welt gab.

Glück ist, wenn man von Wundern träumen mag.

Im Walde

Im Walde
verborgen unter Tannen,
gerufen von Rotkappen,
und
Birkenpilze sind erfreut,
wenn ein kleines Rehkitz
tobt durch den Wald,
und in den Tannenhöhen,
sind Wolken, die sich freuen,
und
mit der Sonne scheint die Freude
auf die Tiere
groß und klein.

Galopp

Wild – der Boden bebte. Wild, die Erde schien, als hielte sie die Luft an. Leidenschaft! Frei, so frei – wie es schien und doch ...!

Frei, er fühlte sich, er fühlte sich stark, mit allen Leidenschaften in sich. Frei, so frei – seine Hufe zerwühlten im wilden Toben den Boden.

Sein Fell glänzte im untergehenden Sonnenlicht.

Er liebte die Freiheit. Tief sein Schnauben. Er liebte es, die Freiheit einzuatmen, die er im Galopp fühlte – so tief in sich.

So tief in sich, die natürliche Wildheit – er.

Er war, er fühlte, er atmete. Der Wind um ihn. Der Wind blies kühlend durch seine Mähne.

Der Boden unter ihm, der Wind über ihm.

Du, ja, Du, kennst du sie, die Luft, die er atmete, die so gut in den Lungen ist? Das Ausatmen, vielleicht einer Last – eine Last, die belastete.

Das Einatmen der klaren Luft, die Lungen, die sich füllen – dich so stark machen, um Wege anzufangen, zu gehen. Den Erfolg, dann der Stolz auf sich und die Zufriedenheit, weil man den Weg gegangen ist.

Die Luft – die Luft, wie sie ist, klar, frisch und so klar ist Dein Blick – was ist ...

Der Boden – auf dem du stehst. Der Boden, der dir den Halt gibt. Den Halt, nicht zu fallen, nicht zu hoch – doch abzuheben.

Wild – leidenschaftlich – du, dich erleben. Stark – und die Freiheit.

Kennst du ihn? Den Wilden – Freiheitsliebenden. Der im wilden Galopp – einfach pur ist?

Und jetzt du? Bist du nicht auch schon im Galopp, die Freiheit liebend gelaufen?

Luft, Boden, Freiheit? Du? Dich?

Weißt du, was ich meine?

Kennst du es? Ja, kennst du es?

Tier-Tanz-Wahl

Eine kleine Nachtigall,
sie ginge gerne auf des Nächtens Ball,
sie würde gerne tanzen
und jubelieren
mit Wanzen,
und auf einer Wiese, da sieht sie
in ihrem Traume fein
einen Schmetterling so zart – so zart,
der sich im Tanze bewegt so smart.

Eine Maus,
die bittet um einen Swing,
weil sie es gerne rockig mag,
und während sie sich
gar so nett bewegt,
ein Vogel
sich in der Luft elegant im Tanze so dahinschwebt,
und sein Leben im Moment sehr liebt
und sich hoch und höher da bewegt.

Ein Reh im Walde sah ihnen beim Tanze zu
und bettelte,
gab keine Ruh,
da kann ein Hirsch und bat galant
um einen Tanz, den man da Tango nennt,
da hat sich das Reh in einem Traum verrannt,
dass es sich
vor Euphorie nicht mehr erkennt.

Ein Johlen ist da im Wald,
ein Toben
und Musik so laut,
dass manch Waldbewohner seinen Ohren nicht traut,
und auf dieser einen Lichtung da,
ist Wald-Tier-Tier-Tanz-Wahl
sogar.

Tage

Es kommen Tage,
da möchte man in einem Ritt,
so schnell – so schnell
entfliehen den Momenten,
den Zeiten,
in denen man nicht voller Zufriedenheit ist.
Doch
dann reitet man die Wellen voller Glück,
an manchen Tagen.
Glück!

Juni

Im Juni sagt man sich so,
tut Sonne ja so gut und scheint oft froh,
da ist's ein Toben in den Seen,
ein Schwimmen in den Freibädern
und ein Grillen,
und ein Zirpen der Grillen froh,
ein Leuchtkäfer flirren sowieso.

Im Juni,
dort ein Junikäfer fliegt umher,
weil er Fliegen gar nicht findet schwer,
ein Schmetterling, er leuchtet in der Luft
so bunt,
ihn fliegen zu sehen,
ist so schön.

Man wünscht, der Juni möchte nie vergehen,
das Leben soll immer bleiben schön
und nie, ja nie sollen Tränen einen frieren lassen
im Sonnenschein,
weil man ist im Leben gar so allein,
Glück ist, wenn man lacht zu zweit
und hat keine Einsamkeit.

Halte fest den Sommertraum

Sommerwiesen fein
und Sonnenblumen
weit und breit
und
See, der sich in der Sonne spiegelt,
Sonne,
die sich um nichts kümmert,
der Wald,
die Lichtung,
der Baumes Glück,
ist das Sonnenlichte pur,
halte du fest deinen Sommertraum,
wenn es friert und bitterkalt,
Schnee, der auf den Feldern verweilt,
Kälte, Frost und wo es voller Schneeregen ist nicht schön,
da
halte fest den Sommertraum,
man lächelte sacht,
denn man glaubt es kaum,
es bleibt ja,
nicht nur ein Traum.

Katze Katze,
einen Schuss weg hat 'se

Ich bin am Ende mit meiner Kraft,
weil mich meine alte Katze schafft.

Meine alte Katze ist eine Lady,
es ist schon ein arg launenhaftes Vieh.

Wenn ich ihre Schüssel fülle,
fragt sich nach Futter in Hülle und Fülle.

Geb ich Wasser in die Schüssel schnell,
gilt ihr „Miau" dem da noch nassen Fell.

Katze, Katze, ich wollt es nicht,
jetzt sei mal still, weil ich es will.

Doch sie plärrt und schüttelt sich,
fragt nach, wann es denn Frühstück gibt, der Wicht.

„Katze, Katze, sag mal, geht's noch gut?",
frag ich da voller Wut.

Nicht, dass ich meine Katze nicht mögen würde,
doch wenn ich schlafen will, um 4.00 Uhr
– ist die Katze mit dem Miau doch eine Bürde.

Sie ist gar so alt,
das glaubt kein Mensch.

Ich bin wach, und sie ist froh,
bei uns – ihr und mir, ist das so.

Sie ist jetzt müde und schläft nun fein,
und ich bin müde, so muss das sein.

Ob ich sie nun wecken soll,
nein, dass findet Madame nicht toll.

Dann hab ich wieder keine Ruh
und sie hat ihre Augen zu.

So ist es gut,
nun schlafe fein, mein liebes, altes Katzelein.

Kein Anpfiff unter dieser Nummer

Gut, Fußball versteht man und mag man oder nicht. Ich Zweiteres. Gut, die Trikots finde ich noch chic, muss ich zugeben. Auch manche Sockenfarben der Spieler finde ich höchst fein. Würde ich auch noch tragen. Die Shorts, nun ja, aus dem Alter bin ich raus. Meine Figur auch. Ich neige zu Übergewicht. Vor über zwei Jahren hörte ich mit dem Rauchen auf. Ich bin stolz auf mich deshalb. Aber ich habe Übergewicht. Zugenommen. An Lebenserfahrung – und an Gewicht. Gut, aber das ist eine andere Geschichte.

Es ist Samstag, oft läuft bei uns Sport im TV. TV neumodisch für Fernsehen. Ich möchte Sport ja wirklich nur aus der Ferne sehen. Also auf meiner Couch, die in der Ecke steht.

Ich mag Sport, keine Frage. Snooker. Mag ich sehr, ich verstehe nur die Regeln nicht. Wie auch bei Fußball, Tennis, Handball, Schwimmen, Volleyball. Gibt es überhaupt eine Sportart, deren Regeln mir begrifflich sind? NEIN!

Aber gut aussehen tut es. Die Trikots, Anzüge, Schwimmanzüge etc.!

Tanzen, eine tolle Sportart, schicke Kleider!

Wenn mein Mann Fußball sieht, und er sich auch auskennt mit den Regeln, und ich über die Farbzusammenstellung der Trikots mit den Socken reden möchte, meine ich immer: „Kein Anpfiff unter dieser Nummer!" Er lacht dann nur. Ob das Fußball-Spiel begonnen hat an diesem Samstag, weiß ich nicht. Ich bin eingeschlafen.

Meine Erfahrung
mit dem Übergewicht

Es gibt Zeiten, da nehme ich sagenhaft ab, dann nehme ich aber wieder zu. Die Kalorienzählerei ist wirklich ein zeitaufwendiges Unternehmen.

Ich zähle immer wieder die Kalorien von diversen Schokoriegeln, Eissorten und -marken, Torten und Kuchen, die ich in Gedanken durchgehe.

Mir fallen viele ein. Ich recherchiere im Internet die Kalorien der Keks. Schokoladen. Torten, Kuchen. Lege eine Excel-Liste an, ja, ich habe einen Excel-Kurs belegt, um Tabellen für Süßwaren und ihre Kalorien anlegen zu können.

Stundenlang dauerte dieses Anlegen der Tabelle in Excel. Jetzt erfasst das Programm alles automatisch. Das Computerprogramm ist toll.

So, ich habe diverse Schokoladenriegel, Torten, Kuchen erfasst, die Kalorien in die Liste gegeben, die Kalorien gesehen auf zwei Stunden Tageszeit, errechnet.

Ich freue mich so sehr. Es kommt eine gigantische Kalorienzahl an Süßwaren zusammen, die ich nicht essen werde, weil ich sie auch gar nicht zu Hause hätte, und so Kalorien spare.

Freu ich mich! Dann beiße ich genüsslich in meinen XXL-Burger. Lecker. Spar ich mir Kalorien. Gut gemacht!

Der Hund meiner Träume

Also, supergut erzogen ist er, der Hund. Er hört aufs Kommando.
„Sitz!" Sofort auf der Stelle setzt er sich hin. „
Bring mir den Ball!", rufe ich dem Hund zu, während ich den Ball werfe. Weit werfe, der Hund jagt freudig dem Ball hinterher.
So ein Traumhund!
Ja, gut, dann weckt mich das Miaauuuu meiner Katze, meiner 17 Jahre alten Katze, um 4 Uhr, das mir sagen soll, es ist Frühstückszeit.
Schöner Traum gewesen! Aber, leider, leider aufgewacht!

Der Hund, er ist dein Freund,
der es nicht versäumt,
dir zu zeigen,
was Freundschaft ist,
wenn er dich
nicht mal im Regen vergisst.
Er ist dir treu
und hört auf dich,
lässt er dich,
in seiner Freundschaft nicht im Stich.

Wahre Gefühle

Ich hatte als junges Mädchen eine Collie-Dame in der Familie. Jeder mochte sie. Osteria hieß sie. Eine wunderschöne Zwerg-Collie-Dame.

Sie war ein superliebes Hundchen. Früh ging ich mit ihr schon spazieren. Weite Spaziergänge machte ich mit ihr. Sie hörte, schien es mir als Kind, meinen Gedanken zu. Tröstete mich bei Liebeskummer als Teenager, ich hatte sie lange. Bei Schmerzen im Knie, wenn ich hinfiel. Bei schlechten Noten in der Schule. Bei Streit mit den Eltern oder wenn mich jemand hänselte. Osti, war immer für mich da. Diese Hundedame brachte mein kleines Mädchenherz zum Schwärmen. Osti. Eine entzückende, kleine Hundelady. Sie wurde sehr alt. Dann aber musste sie eingeschläfert werden wegen Alter und Krankheit.

Doch ich werde sie nie, nie, nie im Leben vergessen. Selbst wenn ich, wie jetzt, schreibe, meine alte Katzenlady auf der Fensterbank mich beobachten sehe, und denke: „Gut, dass es Tiere gibt!" Sie begleiten uns immer auf unseren Wegen – und wenn es nur Tiere aus der Erinnerung sind. Mit einem Lächeln denke ich an die wahren Gefühle, die Tiere in einem wachrufen können.

Als ich weilte

Als ich weilte in mir
an einem See,
irgendwo,
und wieder weile ich,
in meiner Erinnerung,
irgendwo,
an einem See,
und ich blicke zurück
in eine vergangene Zeit
und es ist Zeit
wieder
für ein Glücklichsein,
und ich blicke in die Gegenwart:
„Ich bin nicht allein,
ich habe euch Lieben
und ich habe dich – Erinnerung,
an Zeiten mit euch,
meine Lieben."
„Ich danke Euch!"

Faktor X

Zeit ist ein Faktor gesehen mit X, um glücklicher zu sein als Y. Ich gestehe ein, von Mathe hab ich wenig Ahnung, aber vom Glücklichsein, das man will, und nicht Einsamkeit, Traurigkeit und Pessimismus, denn Glück allein hilft fürs Glücklichsein. Mit der Zeit, mit Ruhe und Geduld kommt dann das Glück für dich und mich, für jeden, doch ganz allein.

Denkst du der Zeit

Es ist lange her,
denkst du der Zeiten,
als du so jung, so jung warst,
denkst du der Zeiten,
als du lachtest so frei, so frei,
denkst du der Zeiten,
als du glücklich warst, so glücklich,
denkst du der Zeiten
und erinnere dich daran,
dass jede Sekunde, ja,
eine Zeit
des Glücks
beginnen kann.

Schneefall in C-Moll

Von Noten habe ich keine Ahnung, aber von guter Musik. Tönen genau genommen. Es ist heute der 10. Februar irgendeines Jahres, von dem ich berichten will. Es ist 9 Uhr und es schneit. Ein Sturm weht um das Haus. Ein großes Haus mit eingeschneitem, großem Garten. Ein Kirschbaum ragt in die Luft in diesen Garten. Ein schöner Kirschbaum. Ich liebe diesen Kirschbaum. Schön, er ist wunderschön, dieser Kirschbaum, nur eben sehr eingeschneit.

Gerade jetzt sitze ich vor dem Fenster. Nein, auf dem Fenster, denn ich bin eine Katze. Eine Katze, die dem Schneetreiben zusieht. Eine Katze mit Appetit auf ein zweites Frühstück. Nur mein Frauchen wird es nicht in ihre Gedanken einbeziehen, dass ich Hunger, nein, Appetit haben könnte. Ich blicke zu ihr von meinem Fenster aus. „Hey, du da, Frauchen, bewege dich Richtung Kühlschrank!", denke ich zielsicher.

Doch nichts tut sich. Frauchen telefoniert.

Es schneit und schneit, der Sturm geht jetzt heftig und ich friere.

Ich bin eine frierende, ältere, um nicht zu sagen – alte Katze! Mit meinen 17 Jahren darf ich auf eine lange Lebenserfahrung zurückblicken. Auch einige Hunde, die ich mir erzogen hatte. Die Hunde sahen es zwar anders, aber gut. Sollen sie doch!

Unten höre ich den Hund, der jetzt im Haus wohnt, trapsen.

Trap. Trap. Trap. Ruhe. Pause.

„Peggy, der Hund, kommt wohl in den Genuss eines Frühstückes!"

Mir arme Katze fängt jetzt bei den Gedanken, wie Peggy ihr Frühstück verdrückt, der Magen zu knurren an.

Wie kann Peggy nur fressen?!? Hört sie denn nicht meinen Magen bis in die untere Etage des Hauses knurren?

„Also bitte!", sind meine Gedanken, bevor ich von der Fensterbank springe mit knurrenden Magen und jetzt richtig Hunger. Und mit einem MIAUUUUUUU meinem Frauchen signalisiere: „Schluss mit lustig, leg auf!"

Mein Frauchen quasselt richtig auf das Gegenüber am Telefon ein! Unverschämt! Sie hat mich nicht beachtet. Redet immer noch!

Nun fange ich mein MIAU-Lied in C-Moll an. Tief, flehend bis sehr wütend und kraftvoll!

Frauchen blickt mich an, blickt mich ein zweites Mal an, zorniger! Legt auf und – JAAA – FRESSEN!

Nach gefühlten fünf Minuten Wartezeit auf mein Nassfutter schlinge ich meine Katzenmahlzeit hinunter.

So, „Frauchen", murmele ich, „gib Ruhe!" „Ich will schlafen! Miau!"

Peggy, die Hundedame, und der Schneefall

Ich bin Peggy, es ist kalt. Brr, ist das kalt! Es ist nass! Brr, ist das nass! Mein Frauchen hat mich in den Garten geschickt! Hört mir jemand zu? Ich meinte wirklich, mein Frauchen hat mich in den Garten geschickt. Es ist kalt und nass! Der Schnee fällt und macht den Garten weiß, es duftet der Schnee gut nach vielen Gerüchen, aber er ist – brr – kalt. Nass! Unangenehm an meinen Pfoten. Mitten am Morgen schickt mich mein Frauchen in den Garten.

Ich bin heute einmal ausnahmsweise so früh wach. Frauchen steht nicht so früh auf. Muss ich sagen. Braves Frauchen. Ich kann und darf richtig lange ausschlafen. Fast täglich. Oben plärrt die verrückte Katze! Die altersschwache Katze, möchte ich meinen.

Längst bin ich wieder im Haus. In der warmen Küche von Frauchen. Längst friert es mich noch an die Pfoten. Wie kann mich Frauchen auch nur in den Garten schicken?

Ach ja, heute bekommen wir Besuch. Oben in der oberen Wohnung höre ich das Frauchen der beiden Katzen telefonieren. Sie lacht laut und schrill auf. Leute, wisst ihr nicht, dass ich ein gutes Gehör habe? Nehmt doch einfach einmal Rücksicht!

Mein Frauchen schneidet auf der Küchenanrichte gerade Fleischwurst in Stücke für mich – ein kleiner Gaumenschmaus. Oh, wie ich Fleischwurst in Stücken liebe.

Die Katze mit ihren MIAUUU nervt. Nervige Katze! So, ich gehe wieder in mein Schlafkörbchen und genieße die Zeit der Ruhe.

Schneefall hin oder her, er ist kalt! Ja! Er ist nass! Ja!

Ich schlaf jetzt. Rrrrr.

Eine Katze bei Schneefall

Warum, ich frage, warum muss es in diesem Hause so unruhig zugehen. Wir sind drei Katzen und ein Hund. Ich bin die andere Katze. Oder sind die anderen *die* Katzen. Also, ich lebe mit dem Hund im unteren Bereich des Hauses. Die zwei anderen Katzen im oberen Bereich des Hauses. Aber genau genommen ist das gesamte Haus mein Haus! Ich bin immerhin *die* Katze.

Draußen ist es kalt und nass! Schneefall! Es ist kalt, nass und es stürmt und schneit.

Heute kommt Besuch. Frauchen ist wach! Hund ist auch wach gewesen, pennt jetzt wieder. Mein Frauchen will, dass wir Freunde sind. Mal abwarten, wie ich an diesem Tag gelaunt bin.

So, es ist, nach meinem Hunger, Zeit für Frühstück! Nassfutter für Katzen und dann – lecker – Nassfutter für Hunde. Aber immer gerne doch. Hoffentlich kommt nicht die altersschwache Katze von oben herunter und frisst mir die Reserven des Hundefutters weg. Die ist so verfressen! Diese Katze möchte wohl nur den ganzen Tag fressen!

Wie kann man nur *schlapp schlapp* den ganzen Tag über fressen? Oh, das Hundefutter ist heute auch sehr lecker. *Schlapp!* Ich werde mir jetzt ein halbes Minütchen Coach gönnen. Bis später!

Wenn Katzen katzisch lachen,
dann machen andere Katzen anderen Katzen Katzenfratzen.

Wenn eine Katze ist sehr müde,
schaut die nächste andere Katze weiter trübe.

Wenn Katzen anderen Katzen eine Freude machen,
hat manche Katze da doch Katzensorgen.

Ein Drache beim Drachensteigen

„Egelbert, EGELBERT!", rief die Mutter. „Egelbert, jetzt komm endlich zum Mittagessen herein."

Die Rufe hörte bis in die letzten Glieder. So schrill vor Wut war seine Mutter. Er brauchte aber noch eine Zeit, um den Drachen vom Himmel langsam niedersinken zu lassen und ihn dann in Ruhe einzurollen. Schließlich schwebte sein kleiner grüner Drache am Himmel.

Er war mit seinem Freund Richie, eigentlich war sein Name Richard, aber er war reich an Erfahrung, daher sein Spitzname Richie, beim Drachensteigen. Er hatte, logisch, einen kleinen Drachen als Drachen, den er steigen lassen konnte.

„EGELBERT! Muss ich dir alles dreimal sagen?" Schrill, schriller – Mutter!

Richie und Egi, denn Egelbert wurde von allen nur Egi genannt, rollten beide in einem Galopptempo die Drachen, die jetzt am Boden lagen, zusammen. Also, die Schnur rollten die beiden auf. Die Schnur, ja, es dauerte und dauerte, schien es Egi, der die Schnur des Drachen einrollte. Sie verhedderte sich.

Seine Mama kam nun heraus, wütend, sehr wütend. Egi guckte. Richie sah Egis Mama an, die nun plötzlich Feuer spuckte.

Warum sie Feuer spuckte? Nun, sie war wütend. Sie war wütend, weil das Essen auf dem Herd stand und sie schon öfters Egi gerufen hatte. Seine Mutter war, wie Egi und Richie, ein Drache.

Egis Mama war schon ein großer Drache. Oh, schrecklich sah die Mama von Egi aus, fand nun auch Richie. „Frau Kohler, ich gehe jetzt", sprach Richie leise.

Schwuff ... wieder ein Feuerball! Es brannte eine kleine Fichte jetzt in dem Wald. Sie lebten in einem großen Wald. Alle zusammen!

Früher, ja früher gab es eben Drachen. Drachen, die in Wäldern wohnten, fliegen konnten wie die Weltmeister, wenn sie wollten, und ein gewisses Alter hatten. Egi und Richie würden auch mal supertoll fliegen können! Da waren sie sich sicher. Richie und Egi gingen sogar in die Drachenschule. Doch es war gerade schulfrei. Nein, sie lernten nicht Mathematik oder Geschichte.

Die Zeit, in der Drachen lebten, ist heute Geschichte. Doch von Alt bis

Jung und Jung bis Alt, alle kennen Drachen, könnten Geschichten von Drachen erzählen.

Kommen wir zu Egi zurück. Er stampfte mit seinen Füßen Richtung Höhle, Drachenhöhle. Seine Mutter stand da, es war eine hohe Drachenhöhle. Zu der Zeit der Drachen in dem Drachenland, in dem Egi wohnte und alle anderen Drachen, gab es große Höhlen. Es gab Drachenhelden, Drachenmütter und Drachenkinder. Es gab auch böse Drachen! Sie machten ganze Landstücke kaputt, wenn sie es wollten. Aber das ist eine andere Geschichte.

Egi futterte gerade, was seine Mama zubereitet hatte. „Hast du mit deinem Drachen-Freund, den Drachen heute den Drachen steigen lassen?", fragte seine Mutter nun freundlicher.

Da guckte Egi und lachte: „Wenn Drachen mit Drachen einen Drachen – Drachen beim Drachen steigen lassen, lachen hören, dann haben die Drachen beim Drachensteigenlassen Freude, sodass man die Drachen lachen hört!"

Seine Mutter schaute nun ganz verwirrt ihren Sohn an. „EGELBERT, du bist jeden Lacher wert!" Seine Mutter, und auch Egi lachten laut, so laut, dass man es im nächsten Waldstück hören konnte!

Doch leider, leider war auch dieser Tag bald zu Ende, denn nachdem er am Nachmittag seine Schulaufgabe *Flügel schwingen* geübt und Abendbrot gegessen hatte, schlief er auch schon ein.

„Egi, kommst du?", rief Richie, der Egi am nächsten Morgen zur Schule abholen wollte. Sie trafen an der Schulhöhle ein, es waren noch zwei andere Drachenkinder da, die fleißig das Schwingen der Flügel übten. Danach war das Brüllen an der Reihe, das die Drachenkinder immer sehr zum Lachen brachte. Dann lernten sie noch den Vers: *Wenn ein Drache lacht, hat ein Drachen Spaß mit seinem Lachen* auswendig. Die Drachen mussten aber so lachen wegen des Verses, dass sie nicht ernsthaft lernen konnten. Zu sehr mussten sie alle lachen. Es war ein lustiger Vormittag.

Am Nachmittag ließen Richie und Egi wieder den Drachen steigen lassen. Er wehte hin und her und her und hin im Winde. Plötzlich! Ein Lachen des Drachen. Die Drachenkinder erschraken. „Wie konnte der Drache so lachen", dachten die Drachen. Doch der Drache lachte und die Drachen dachten: „Jetzt ist die Geschichte aber aus, weil die Drachen vor Lachen schon nicht mehr richtig lesen konnten. Und wer soll das alles von den Drachen lesen, wenn die Drachen so lachen, weil der Drache am Himmel so lacht? Und AUS! Macht EUCH aber nicht draus.

ENDE der Geschichte (was müssen die Drachen auch so lachen!)

Tag der Erinnerung

„54 Jahre ist nicht alt!, dachte sie. 54 Jahre ist sie alt und sie fühlte sich noch viel älter. Ihre Füße, genau genommen ihre Oberschenkel, und Knie taten wie so oft weh. Ihre Schultern fühlten sich hart an und sie fühlte sich einfach nur alt und müde. 54 Jahre war sie alt, das ist kein Alter. Doch noch viel älter war ihr Gefühl für sich. Sie fühlte sich wie 72 oder älter. War sie aber nicht!

Sie blickte im Stuhl sitzend aus dem Fenster. Blickte auf den Baum. Den Baum vor ihrem Fenster und die Sonne beschien den Baum, stellte den Baum in leuchtendes Hell. Es war früher Morgen, ein kalter Tag im Februar. Kurz vor Fasching, Karneval oder Fasnacht. Wie man es halt nennt. Sie blickte müde und träge aus dem Fenster auf den Baum. Einen Kirschbaum. Eine alte Schaukel hing an einem Ast an dem Baum.

54 Jahre ist kein Alter, um sich alt zu fühlen!

Sie machte müde die Augen zu. „Nur eine Sekunde!", dachte sie und dann schlief sie in ihren Stuhl ein. Draußen wehte die Schaukel im Winde hin und her, die Sonne schien und sie, sie schlief. „Kinderlachen kann glücklich machen!", dachte sie noch und war dann tief im Schlaf.

Die Schaukel am Baum schwang im Wind hin und her.

Sie war wieder ein kleines Mädchen, sie sah sich eine weiße Perücke tragen, einen Hut und ein Funkenmariechen-Kleid tragen mit weißen Strumpfhosen. Sie war wieder sieben Jahre alt. Schwarze Schuhe an den Füßen. Die Lippen rot bemalt mit Lippenstift, die Wangen gefärbt mit Rouge. Sie saß auf der Schaukel, lachend, und wurde von ihrer Freundin Laura abgeholt. Ebenfalls im Mariechen-Kostüm. Sie, als kleine Siebenjährige, hatte ein rotes Funkenmariechen-Kleid an und Laura ihre Freundin ein blaues Kleid.

Die Mädchen lachten, dann kamen ihre Mütter aus dem Haus. Sie gingen die Straße entlang in ihrer kleinen Stadt, um in das Lokal zu gehen, in dem die Faschingsfeier war. Es war ein Tanzen, ein Jubeln, ein Spaß. Die Mädchen hatten ohnehin mit Rouge gefärbte Backen, aber ihre Freude und ihre Ausgelassenheit machten die Wangen noch röter. Musik spielte live von der Bühne. Es war ein Remmidemmi, die Mädchen lachten, tanzten und spielten.

Als es dann an diesem Nachmittag Zeit für den Faschingsumzug war, liefen die kostümierten Kinder hinaus, stellten sich an die Straße und sahen dem Umzug zu. Kamelle und andere Süßigkeiten flogen nur so durch die Luft. Da fielen Bonbons direkt vor ihre Füße. Sie hob die Bonbons auf. War glücklich!

„Kamelle, Kamelle", wurde wieder laut gerufen.

Da wachte sie auf. Mit einem Lächeln im Gesicht!

„Kamelle!", dachte sie mit ihren 54 Jahren und fühlte sich wieder wie ein siebenjähriges Mädchen. Einfach glücklich.

Glück

Es ist Glück,
wenn man glücklich sein kann,
es ist Zuversicht,
wenn man zuversichtlich sein kann,
es ist Hoffnung,
wenn man hoffnungsvoll sein kann,
es ist Leben,
wenn man Leben leben kann und liebt,
und es ist Liebe,
wenn man liebt, gibt und lebt.

Tage im Geben

Tage im Geben
sollst du erleben,
und Tage in Zuversicht,
sollst du fühlen,
und Tage im Sein,
einem Glücklich-Sein,
sollen immer für dich sein.

Hoffnungsvoll
in dir
voller Hoffnung
und Glück,
und ein Leben,
in Hoffnung,
Glück,
und Lebendigkeit,
da ist für Traurigkeit,
keine Zeit!

Tage im Schnee

Wieder ist ein Freitag, wieder ist ein weiterer Tag im Februar mit Schneefall, Kälte und Eis. Wieder ein Tag mit dem Virus.

Tage im Schnee. Die Welt leidet unter dem Virus, Covid. Wieder ein Tag bei uns im Schnee, in der Kälte. Mit Frieren, innerlich wie äußerlich. Es ist kalt. Die Lage ist kalt. Wird die Menschheit noch lange frieren?

Lockdown, Virus, Einsamkeiten, Hoffnungslosigkeiten, Krankheit, Tod. Kein Film, kein – aber ... und doch geht es weiter!

Der Mensch liebt es, zu leben, im Normalfall.

Was aber ist der Normalfall?

Nicht das der Virus, im Jetzt, im Jahre 2021, mein, unser aller Jahr, so bedrohlich ist! Wie so viele sehne ich mich nach Normalität. Eine Normalität.

Tage im Schnee,
vorbei Frohmut.
Es ist ein Frieren,
Frösteln!
Tage im Schnee.
Doch
es kommen wieder,
Tage in Wärme,
im Sonnenlichte.
Frohsinn!
Tage in Heiterkeit
und Wärme statt Kälte,
Sonne statt Trübsinn
und
Lachen so schön!

Mögen Tage im Schnee vergehen! Wärme und Hoffnung, mögen für uns innerlich, nie vergehen! Wenn wir uns klar werden, bewusst, dass Ruhe, Geduld und Zuversicht auch Wärme bedeuten, frieren wir innerlich nicht.

Wie Tage halt im Sonnenlicht!

Katzenkind

Irgendwann fing es an. Ich weiß nicht mehr, was mich in den Garten trieb. An die Hecke. Es war einfach Schicksal. Irgendwas veranlasste mich in dieser Minute, dieser Sekunde in den Garten zu gehen. Es war einfach so. Wer mag es erklären können? Ich nicht! Es war so!

Es war ein Miau in der Hecke in unserem Garten zu hören. Ich sah genauer hin und sah in kleine Katzenbaby-Augen. Ein Traum von einer kleinen Katze saß da direkt in der Hecke. Es war Frühling. Die Hecke war noch nicht grün. Es war noch keine Blütezeit. Da saß dieses kleine Katzenkind, das mein Leben bereichern sollte. Lange, lange, ach so lange Jahre.

Das kleine Katzenkind kam auf mich zu, ich ging in die Hocke. Damals konnte ich es noch. Das Katzenkind schnupperte an meiner Hand. Dann schloss ich es ins Herz und ließ es nicht mehr los. Es kam auf meinen Schoß, kuschelte sich in meine Arme und ich war verzaubert von dem kleinen Katzenkind. Wie ich dann herausfand, gehörte das Katzenkind einem Nachbarn von uns. Nach Rücksprache, das Katzenkind hatte noch zwei Geschwister, durfte ich das Katzenkind behalten. Laut dem Nachbarn. Ich war verzaubert. Das Katzenkind war meins.

Mein Sohn, er war noch ein Kleinstkind, wir wohnten in einer Wohnung, war ebenfalls Feuer und Flamme. Das Katzenkind, es gehörte zu uns. Es wollte auch nicht mehr weg von uns. Jahrein. Jahraus. Es blieb. Das Katzenkind war eine Freigängerin mit Sinn für unser Zuhause.

Das Katzenkind entwickelte sich zu einer richtigen Katzenlady. Sie stellte viel Unsinniges an und viel Sinnvolles mit uns. Wir wollten die Katzendame nicht mehr hergeben. Nie wieder. Das Katzenkind war unsere große Freude. Das Katzenkind wurde zu unserer Mitbewohnerin.

Mein Freund, der dann mein geehelichter Mann wurde, fand sie auch wunderschön. Aber sie hatte die Angewohnheit, immer im Mittelpunkt stehen zu wollen, dann biss sie liebend gerne in Zehen, wenn man tief und fest schlief. Also wehe, man hatte vergessen, die Schlafzimmertüre zu schließen. Sie biss in die Zehen! Mit Garantie. Wehe du träumtest von Urlaub und Meer und Strandbar, dann *Zack* ein Autsch und du warst wach. In die Zehen gebissen!

Sie stellte alles Mögliche an. Auch vieles, was einen ärgern konnte. Sie folgte, wenn sie der Meinung war, folgen zu wollen. Dann wie eine gut erzogene Katzendame. Wollte es ihr nicht in den Sinn, konntest du mit ihr schimpfend, wütend und schreiend ihr auf der die Straße nachjagen, mit Sicherheit erreichtest du sie nicht. Sie lief einfach weiter. In einer Geschwindigkeit, so nach dem Motto *Fang mich doch!* und blickte fast so, als würde sie grinsen. Mit hochroten Kopf musste man oft aufgeben. Erst zu Fressenzeiten kam sie dann doch zurück. Sie hatte andere Zeiten, in denen sie nach Hause kommen wollte, als man selbst. Als Freigängerin kam es zwar seltenst, aber es kam vor, dass sie überhaupt keine Lust hatte, nach Hause in die Wohnung zu kommen. Sie blieb dann zwei Tage einfach weg. Die Sorgen, die diese Aktion von der Katzen-Lady hinterließ in uns, waren immer groß.

So ging Jahr um Jahr vorbei, viele, viele Jahre. Die Katzenlady wurde alt. Sie wurde sehr, sehr alt für eine Katze. Ich mit ihr. Mein Sohn mittlerweile volljährig. Nur die Katzenlady war immer noch bei mir. Unter Tags, wenn mein Mann bei der Arbeit war, ich schreiben musste, leistete mir die Katzenlady immer Gesellschaft. Sie ist jetzt 16 bis 17 Jahre alt.

Sie ist mir eine gute Gesellschaft. Noch immer tapst sie im Winter im Schnee umher, noch immer verkriecht sie sich im Frühjahr unter der Hecke wie an dem ersten Tag unserer Begegnung. Noch immer liegt sie im Sommer im Schatten unter einem Baum und schläft und noch immer frisst sie das Futter im Herbst aus dem Hund meiner Mutter. Noch immer kämpft sie mit der anderen Katze, Mutters Katze. Wir bewohnen alle ein Haus.

Was wäre ein Leben, unser Leben, ohne Tiere? Tiere tun der Seele des Menschen so gut. Während ich dies schreibe, wandert mein Blick zur schlafenden Katzenlady, ich bin froh, dass es sie gibt. Katzenlady, sie schläft tief und entspannt.

Katzen

Katzentatzen
tasten nach dir,
Katzentatzen
sind leise
und schier,
tasten sie sich ihren Weg
in dein
Herz.

Sie marschieren ihre Wege,
sind diese manchmal gerade
oder uneben,
so landen sie doch,
oft,
unverhofft,
bei dir.

Katzen! Tasten sich in dein Herz.

Herz aus Seide

Schimmernd,
glänzend,
schier wundervoll,
ein Herz aus Seide
ist elegant
und
gekonnt zart
und
smart im Sein
und edel
und kostbar
und bunt
wie ein Edelstein.

Herz aus Seide,
ein Zauber ist in dir,
du gibst
Mut,
bist graziös
und nicht kalt
und gekonnt
mysteriös,
schamhaft,
schüchtern
und
vor Verlegenheit
auch manchmal
nervös.

Herz aus Seide,
wie wunderbar,
wie doch auch
sonderbar
und
sonderlich
wäre
ein Blick
sonnst du dich,
im Sonnenlicht.

Herz aus Seide,
es kommt die Zeit,
da bist du
der oder dem,
der dich liebt,
so vertraut,
kommt deine Zeit,
ferne der Einsamkeit.

Entschlüsse

Immer noch beherrscht der Virus das Geschehen der Nationen. Wir schreiben Februar in diesem Jahr. Es ist kalt. Der Frost ist frostiger geworden. Fast, als hätte er von dieser Zeit jetzt auch die Nase voll und glänzt durch frostige Zeiten.

Vielerorts friert man. Man friert auch in den Gemütern. Die Mutlosigkeit ist ein Thema, der Frost und die Kälte eben auch. Die Hoffnungslosigkeit und die Angst vor einer stark unangenehm, unsicheren, finanziellen Zukunft für viele auch. Lockdown, wir haben Bestimmungen, mit denen wir leben müssen. Zum Schutze vor dem Virus.

Ein Science-Fiction? Nein!

Doch mutet es an, wie eine schlecht gedrehte und schlecht geschriebene Geschichte. Was ein Virus in der Nation? Millionen Betroffene? Gut, nächstes Kapitel! Hat man ja schon öfters gelesen!

Entschlüsse! Getroffen von anderen, die betroffen machen. Viele, so viele, viele Betroffene sind betroffen.

Lockdown bedeutet, bei uns sind Einzelhandel, Schule, Gastronomie geschlossen. Betroffen! Zum Schutze vor dem Virus. Kontaktbeschränkungen. Betroffene.

Ich bin es auch. Doch ich beschließe einen Entschluss. Mein Blick geht aus dem Dachfenster zu der Tanne, dem Baum in Nachbars Garten. Ein Vogel sitzt auf dem Baum. Ich frage in Gedanken: „Na du, Vogel, was würdest du beschließen an meiner Stelle?"

Der Vogel fliegt weg.

Vögel sind fantastische Tiere, wie sie so in den Lüften zu Hause sind. So leicht, wie sie fliegen. Sie fliegen in ihren Alltag. Sie fliegen als Alltag und sie fliegen von ihrem Alltag weg in einen anderen Alltag.

Ich aber habe mich zu einer weiteren Tasse Kaffee entschlossen! Schnell speichere ich meine Manuskript-Datei. Kaffee! Sei mir gleich willkommen!

Weitere Entschlüsse

Die Grenzen in mein Nachbarland werden strenger kontrolliert. Tschechei! Ich darf nicht mehr in mein Nachbarland Tschechei, ohne extrem kontrolliert zu werden. Verstehe ich gerade so, wenn ich auf den Fernseher, der läuft, höre. Gut! Weitere Beschlüsse. Mein Entschluss ist, mich daran zu halten! Demnach werde ich erst einmal nicht mehr in die Tschechei fahren. Wie so viele! Ich war seit Ewigkeiten nicht mehr in der Tschechei.
Ein Jahr ist es etwas her, seitdem der Virus ein Thema bei uns ist.
Covid.
Viele Entschlüsse und Beschlüsse!
Mein Entschluss aber ist es, optimistisch bleiben zu wollen!
Zwar gibt es Einschränkungen und Bestimmungen, zahlreiche!
Mein Blick geht wieder durchs Dachfenster auf den Baum, der in Nachbars Garten steht, auf dem wieder ein Vogel sitzt. Daneben sehe ich nur Himmel, Wolken und noch viel mehr Himmel. Manchmal blau, dann grau! Die Farbe des Himmels.
Blau, ich sollte in einem Pastellhellblau denken! Oder in einem Pastellgrau! Oder in pastellartigen Grün? Oder in Rosa? Sollte ich mir meine Welt in Flieder ausmalen. Regenbogenfarbig bemalen? Ich male unheimlich gerne!
Mein Entschluss ist, meine Welt, meine Gedanken bunt zu haben!
Optimistisch bunt!
Ich lächle dem Baum zu in Nachbars Garten!
Ja doch! Ein guter Entschluss!

Tage

Es vergehen
Tage,
Monate,
Jahre,
Jahrzehnte,

doch die Erinnerung bleibt

In tiefster Einsicht

In tiefster Einsicht
fühle ich mich auch
dir nahe
und
ich wage es, zu denken,
fühlen
und zu sagen:

„Ich liebe dich!"

Fragezeichen

Fragen!

Wer bin ich
wer bist du
wer sind wir?

Was denken wir,
was denkst du,
was denke ich?

Was fühlst du,
was fühle ich
was fühlen wir?

Zweisamkeit!

Die Katze

Es war einmal eine Katze klein,
die fand es nicht nett
allein zu sein.
Dann zog sie in ein Haus hinein,
das war schon richtig groß, das Haus,
und die Katze war nicht mehr allein!
Die Katze war mit vielen in diesem Haus
und das Gedicht ist nun aus!

Wir sind

Was wir denken,
wir denken,
was wir empfinden,
und wir könnten
zusammen
im Glück sein,
und
wir sind es!
Du und ich!
Wir!

Ein Jahr,
dann
viele Monate,
dann
viele Wochen,
dann
viele Tage,
dann
nur noch
ein
paar
Minuten.
Dann
Hochzeitstag!

Ich liebe dich,
dich,
von dem ich träume,
von dem ich zu schwärmen
oft nicht versäume.

Ich denke an dich,
dich,
mit dem ich glücklich bin!

Zeit!
Wir
finden
uns
immer
wieder
und
sehen
uns
immer
wieder!
Wir
sind
mit
der
Zeit

– Zeitreisende.

Der Rabe

Ich sitze an meinem Computer. Gerade. Sehe aus dem Fenster. Ich sehe aus dem Fenster auf die Tanne in Nachbars Garten. Während ich das jetzt schreibe.
Auf der Tanne, am höchsten Ast, sitzt der Rabe. Er sitzt da, putzt sich und sieht in die Umgebung. Putzt sich – und mir ist es, als sähe er in mein Fenster herein, zu mir.
Mein Dachfenster. Er sieht in mein Dachfenster. Zu mir.
Es ist früher Morgen, ein Novembermorgen. Ein früher Novembermorgen kurz vor 7.30 Uhr.
Mein Rabe!! Er sitzt Morgen um Morgen auf dieser gewaltigen Tanne. Ich schreibe weiter. Sehe wieder zu dem Raben. Er fasziniert mich.
Mein Rabe ist intelligent. Er zählt, als Rabe, zu den intelligentesten Vögeln. Mein Rabe sieht zu mir in die Wohnung, habe ich das Gefühl. Er hat wohl viel Weisheit in sich. Viel gesehen, erfahren. Wie gerne hätte ich seine Weisheit, seine Intelligenz. Seinen Weitblick. Seine Erfahrungen.
Er blickt in Fenster. Sieht in Wohnungen. Sieht die Menschen und sieht auch die Schicksale der Menschen, die er sieht.
In der Mythologie hat der Rabe stets seine Bedeutung gehabt. Mystisch.
Mein Rabe ist jetzt weggeflogen. Ich seufze auf. Schade. Zu gerne hätte ich diesen wundervollen Vogel noch beim Putzen beobachtet.
Was aber wird er sehen, erfahren, finden? Erkennen und für sich noch lernen?
Mein Rabe, dieses wunderbare Tier.
Mit einem kleinen Lächeln beende ich die Schreiberei nun. Lächelnd speichere ich die Datei. Lächelnd werde ich mir eine Tasse Kaffee holen – in Gedanken an den Raben.
„Rabe, pass gut auf dich auf!", wünsche ich ihm. „Vielleicht bis nächsten Morgen, Rabe."

Schmetterling

Es ist
wundersam
dein Fluge
und
wie
hoffnungsvoll
bist du
allein.
Bote
einer Frühlingszeit,
die ankündigt,
die
doch
kommende
Sommerszeit.

Wer meint ...

er könnte
es
riechen,
wenn der Frühling
doch
die Sommerszeit
ankündigt,
der ist im Sinne
ganz und gar!

Der Wolf

Trägt er doch
alte Lebensweisheit,
intuitiv durch seine Art in sich
und dann
Überlebens-, Lebensart,
heult er an den Mond,
bei Nacht,
wild und frei
und so voller Leben tief,
denn das Leben ist es,
was ihn da tagtäglich rief.

Alt geworden nun,
der Wolf,
sieht er den Mond am Himmel leuchtend stark
und magisch
ist die Anziehungskraft,
die das gelebte Leben,
seins,
über die gedauerten Jahre doch auf ihn hat,
und er heult an den Mond,
wie schon früh, so viel früher doch!

Er könnte erzählen
in der Nacht
von seinem Leben,
das ihn,
den alten Wolf,
ja doch ausmacht,
er könnte da, heult er den Mond an,
erzählen, wie es war,
sein Leben.

Noch immer spürt er Wildheit in sich,
heult er an das Mondeslicht,
noch immer ist die Freiheit in ihm da,
wenn er sich spürt in der Nacht,
in den Nächten,
der Zeit,
wenn er sich spürt dem Mond da nah.

Alter Wolf,
ruhe in der Erinnerung,
wenn du ziehst durch deine Welt entlang,
durch die Freiheit in dir fliegst,
wenn du Freude wieder lebst,
weil die Nacht ja wieder für dich begann!

Freiheit des Windes

Höre der Freiheit des Windes,
es ist ein Hauch nur,
und doch so stark,
wenn er flüstert, der Wind,
dass du in seinem Rausche
zu gehen,
zu wispern
und zu sein,
in seiner Freiheit erkennst,
was Sehnsucht oft doch sein kann.

So wild,
so ganz und gar,
im Sein.

Wunderbar!

In mir

In mir bin ich
und fühle mich wohl,
es ist ein Gutes,
doch so
zu sein,
wie man doch ist,
in mir,
da bin ich mir wohl
und gut gestimmt.
In mir bin ich mir wohl.

Wenn Optimismus der Wegbegleiter ist

Wer kennt sie nicht, die Mutlosigkeit, und doch gibt es immer wieder Momente, in denen wir durchatmen. Fest einatmen, um dann durchzuatmen und die Situation, die uns so mutlos macht, in Angriff zu nehmen! „Hoppla, wäre doch gelacht!", machen wir uns selbst Mut.

Gut so!

Nicht den Kopf in den Sand stecken! Nicht Zähne knirschend aufgeben wollen! Nichts von alledem! Sondern die Zähne zusammenbeißen! Durchatmen und mit einem kämpferischen: „Pfff mit mir nicht!", weitermachen.

Wir können es! Wir haben es drauf!

„Ich kann das!", dem Spiegelbild im Badezimmer-Spiegel entgegen ins Gesicht rufen! „Wenn nicht ich, wer dann!", kontern, wenn der Spiegel in Badezimmer was entgegenbringen möchte. Nicht sich selbst von sich selbst beeindrucken lassen, durch eine negative Haltung zu sich selbst! Mit Energie die Zähne putzen, die man sich im Spiegel im Badezimmer zeigt! Strahlend!

Es ist das Bewusstsein, dass man sich im Badezimmer vor dem Spiegel entgegenbringt, doch so viel schon geschafft zu haben! Es ist das Empfinden des Stolzes, so Tolles im Leben schon gemeistert zu haben! Es ist Zeit man selbst der- oder diejenige ist, die mächtig-prächtig an sich glaubt! Sich im Spiegelbild zulächeln, sich ins Spiegelbild-Gesicht sagen: „Ja, du bist gut!"

Wenn Optimismus der Wegbegleiter an deiner Seite ist, kann nichts mehr schief gehen! Selbstverständlich ist es nicht immer einfach, sich selbst sein bester Freund zu sein! Doch, es geht schon!

Positivität macht außerdem attraktiv. Sich selbst eine Grimasse machen im Spiegel, die Mundwinkel so hängen zu lassen, dass man sich vorstellen könnte, sie berühren gleich die Zehen?!? Nicht gerade sehr attraktiv!

Ein Lächeln kann dagegen sehr schön wirken. Freundlich sowieso!

Lächeln wir uns selbst zu! Man findet sich schöner!

Attraktivität durch ein Lächeln!

Mal abgesehen davon, macht Lächeln Laune, Spaß und es führt für einen Moment dazu, sich gut zu fühlen!

Lächeln wir dem Optimismus als unseren Wegbegleiter einladend zu!

Smile – Optimismus. I like you!

Mein innerer Weg zur Zufriedenheit

Ich bin, wie ich mich wohl fühle, und nicht anders!
Ich weiß für mich, was richtig und falsch ist,
und ich denke, wie es für mich sinnvoll ist,
meine Lebenserfahrung weist mir meinen Weg
und ich bin zufrieden.
Sag mir nicht, was ich denken oder fühlen soll,
denn in Zeiten meiner Tränen weine ich,
du fühlst nicht meine Ängste
und du weißt nichts von meinem Inneren,
wie es mir ist.
Lass mich also meinen Weg zur Zufriedenheit gehen.
Lass mich aber
von dir lernen,
wenn du zu mir in Sympathie und Freundschaft stehst,
zeige mir meine Schwächen auf
und halte zu mir,
trotz meiner Fehler.
Deine Meinung muss nicht meine sein,
meine Meinung muss nicht deine sein,
Respekt für deine Ansichten von mir
und gerne erzähle ich dir von meinen Wegen,
meinen Erfahrungen.
lachen und weinen,
hoffen und bangen,
Geduld und Ungeduld,
Freude und Wut,
erleben,
das Leben.
Leben.
Ich wünsche dir, wie mir, Liebe, Zuversicht, Hoffnung, Glück,
und Gesundheit

Dein Tag

Lebe jeden Tag
als wäre er für dich erfunden,
lasse Sonnenstrahlen dein Gemüt erwärmen
und tanze auf einen Regenbogen
zu der Windes Melodie.

Halte ein
und halte fest diesen Tag,
verweile still im Zauber dieser Zeit
und in Erinnerung an diesen Tag,
weil dieser Tag in Zukunft
dein Tag sein will.

Atme auf den Duft
des Augenblicks,
der dich in Kurzweil so entzückt,
und achte diese Zeit,
es ist die Zeit,
die dir im Zauber bleibt.

Harmonie

Findet sich ein Wort in Harmonie,
sprich es aus,
verschweige es nie.

Doch Stille kehre in dir ein,
ist dein Gedanke, den du äußern willst,
da doch gemein.

Ein Worte kannst du nicht zurücknehmen,
dass du gemein doch dachtest
und sprachst.

Zerstört könnte da
durch dieses Wort
die Harmonie ja sein.

Dann bist du
ohne Freundschaft gar
und vielleicht allein.

Der Weg, den ich ging

War es manchmal auch nicht leicht,
die Schritte da zu gehen,
es fand sich doch die Kraft da ein,
tapfer aufrecht gehend
jeden Weg zu gehen.

Ward manche Träne in meinem Auge auch
vor Mutlosigkeit geweint,
so brachte doch meine Kraft
mich weiter da
des Weges.

Erinnere ich mich so zurück,
so meisterte ich manch Weg,
manch Schritt
und manch Schicksal,
denn Kraft war immer da.

Musst ich auch die Zähne zeigen
oder zusammenbeißen da,
so war der Weg gemeistert,
mein Wegbegleiter „Kraft"
war für mich da.

So ist dein Weg auch schwer,
hart zu gehen,
uneben und so kalt ist's
manchmal dir,
deine Kraft hilft dir.

Der Katze Traum

„Mausi", komm jetzt, es gibt Futter", rief das Frauchen von Mausi.

Doch Mausi schlief tief und fest. Durch nichts ließ Mausi sich dazu bewegen, aufzuwachen. Zu tief träumte sie gerade davon, wie sie einem Vogel nachjagte. Mausi, eine Langhaar-Katze, deren Rasse nicht klar bestimmbar war, fiel auf durch ihr seidiges Fell. Sie war von einem grauen Fell, das einen unglaublichen Kontrast zu ihren blauen Katzenaugen bildete. Kurz – Mausi war eine wunderschöne Katze.

Ihr Frauchen rief nun lauter: „MAUSI, es gibt Futter!"

Doch Mausi ließ Frauchen einfach stehen. Den Fressnapf einfach unbeachtet. Was war denn das? Mausi schlief lieber? Es gab wohl nichts Untypischeres als eine Katze, die lieber schlief als zu fressen. Doch bei Mausi war es gerade der Fall. Mausi war müde. Verschlafen.

Als ihr Frauchen in die Vorratskammer ging, war urplötzlich ein Schrei zu hören. „MAUSIIIII!, DU HAST DIE SAHNE VON DER TORTE GEFRESSEN!" Frauchen war sofort an der Stelle, an der Mausi schlief. Wütend schrie Frauchen jetzt.

Vorbei war der Zauber von Mausi und auch ihr tiefer Schlaf. Einmal rekelte sich Mausi, sah dann Frauchen an. Dann streckte sich Mausi und sah Frauchen weiterhin an. Zu guter Letzt sprang Mausi von der Couch, schlich sich durch die Haustüre und Frauchen konnte Mausi die nächsten Stunden nicht mehr sehen.

Wisst ihr, was Mausi derweilen jetzt tat?

Mausi schlief jetzt in der Hecke weiter und träumte weiter von dem Vogel im Baum, den sie jagte. Da sage doch noch einmal einer, Katzen wären nicht clever!

Der Ring

Julia ging an dem Juwelier nun schon zum tausendsten Male vorbei. Wieder und wieder besah sie sich diesen schönen, wirklich superschönen Silberring in der Auslage. Er hatte einen wunderbaren blauen Lapislazuli als Stein, der dem Silber so eine herrliche Note gab. Es war ein superschöner Ring, den sich Julia aber nicht leisten konnte. Zu gering war ihr Taschengeld. Julia hatte sich in den Ring regelrecht verliebt. Doch was auch immer sie sich überlegte, der Ring blieb bei dem Juwelier.

Julia, zwölf Jahre alt, eine Tochter wie sich manche Mutter eine wünschen würde. Sie half beim Kochen, beim Putzen, beim Wäschemachen und oft auch im Garten. Julia war schon fleißig. Sie liebte es, ihrer Mutter zur Seite zu stehen. Ihre Mutter hatte seit zwei Wochen ihr Bein bandagiert und konnte es nicht belasten. Lisas Mutter war umgeknickt, als sie mit dem Hund spazieren gegangen waren.

Lisa ging auch gerne mit dem Hund, einem Golden Retriever, und ihrer Mutter spazieren. Sie ging oft mit Bella alleine in den Park. Bella, so nannten sie den Golden Retriever. Ein superlieber Hund.

Lisa ging wieder mit Bella eine lange Weile im Park spazieren und erzählte währenddessen Bella von dem Ring. „Wuff", es war, als wollte Bella mitteilen: „Ja, schöner Ring! Tat Bella aber nicht. Und wenn, dann hätte Julia das Hundisch nicht verstanden.

Als Julia mit Bella nach Hause kam, war ihr Vater schon von der Arbeit zurück und hielt ein Päckchen in der Hand. „Julia, das ist das neue Halsband für Bella", sagte er zur Julia. „Pack es aus, und probiere, ob es Bella passt!", bat da ihr Vater.

Julia nahm das Päckchen, packte es aus und legte das Hundehalsband um Bellas Hals. Es passte wie angegossen.

Ein zweites Päckchen lag daneben. „Julia, und nun die Leine, schaue sie dir einmal an, ob sie dir gefällt." Julia packte die Leine aus, und … umarmte erst stürmisch ihren Vater, dann ihre Mutter und küsste beide, Mutter und Vater, auf die Wangen. „Danke Papi, danke Mami", rief sie aus. Dann zog sie den Silberring mit dem Lapislazuli an die linke Hand.

„Danke, ihr habt mir so eine Freude gemacht!" Der Ring glitzerte wunderschön an ihrer Hand.

Der Sommer

Freund,
Sommer, der mir Wärme bringt,
der mich Lieder summen lässt,
machst mir die Tage da zu einem Fest.

Sommerzeit

Sonnenblumenfelder
glänzen in der Sonne
und ich wandere entlang der Straßen.

Niemand weit und breit,
kein Lärm, kein Toben,
und ich bin eins mit der Zeit.

Sommerzeit.

Breite Sommer doch, du deine Flügel aus!

Wie war es? Als Kind? In der Kindheit?

Sommerferien. Herbei gesehnt von uns. Von uns Kindern, von mir. In meiner Kindheit. Der Sommer, er schmeckt so nach Eis, nach frischem Gras und auch erschien es mir als Kind, als würde die Sonne ihren eigenen Geruch haben. Nach guter Laune und nach tiefer Heiterkeit. Schmetterlinge, wohin man sah. Der See, sein Wasser so verführerisch. Eintauchen in das Wasser des Sees und in diesen doch so fantastischen Sommer.

Erinnerungen. An früher.

Breite Sommer doch, du deine Flügel aus! Flügel des Sommers, die mich zurück in meiner Erinnerung in die Kindheit fliegen lassen.

Ich lachte, ich tobte und ich war glücklich! In der Kindheit, an die ich mich erinnern möchte.

Breit Sommer doch, du deine Flügel aus! Wieder, diesmal für mich als erwachsene Frau.

Ich lache, ich scherze und ich fühle mich zufrieden.

Sommer, Heiterkeit und ein freies Lachen da aus Zeitvertreib.

Ich liebe Eis in Eisdielen. Ich mag im Garten im Schatten eines Baumes die Ruhe genießen und den satten Sonnenschein.

Schwimmen in Seen. Die Freiheit erleben. Das Wasser spüren. Eintauchen. Auch jetzt, als erwachsene Frau, mit Freude in den Sommer.

Sommer, breite du doch deine Flügel aus.

Flügel weit, so weit, damit ich den Sommer in Freiheit doch genießen kann. Flügel so zart wie ein sanfter Windhauch durch ein Feld von Sonnenblumen. Und dort, leise, aus der Ferne, Vogelgezwitscher. Die Natur und die Tierwelt erleben den Sommer in sich. Erfreuen sich an dem Sommer und erfreuen sich an sich selbst. Erleben. Den Sommer und sich selbst. Erleben so stark.

In Wäldern, auf Wiesen, in Feldern. Der Sommer legt seinen Flügel über das Land. Sonne wärmt und erwärmt das Gemüt. Sonnenschein im Sommer und dann ein leichter Sommerregen. Tanzen im Sommerregen, durch den Regen. Wie in der Kindheit. Da, wieder die Erinnerung an damals. Und wieder mein freies Lachen voller Heiterkeit.

Ich erinnere mich, wie der Sommer doch damals für mich als Kind war.

Und der Sommer hebt die Stimmung an.

In den Kindern und in uns Erwachsenen.

Sommer, breitest du doch deine Flügel aus. Freiheit und ein freies Lachen. Heiterkeit und gute Laune. Und wieder erleben wir den Zauber des Sommers, wunderbar. Einzigartig als Sommer doch und so wahr.

Echt fühlt es sich an, so echt, wenn man den Sommer so tief in die eigenen Lungen voller Genuss einatmen kann.

Sommer du, breite deine Flügel aus, wieder Jahr für Jahr.

Das kleine Schloss der Einsamkeit

Versteckt in einem Wald, irgendwo weit zwischen den Welten. In einer Welt, einst. Es trug sich ... Damals, vor langen Zeiten, in den Weiten einer längst vergessenen Welt. Dunkel lag der Wald. Er versteckte sein Juwel und er, der Wald, schützte es.

Traumhaft schön stand es da, im Sonnenlichte. Klein und aus den kleinen Fenstern erstrahlte hell manch Licht. Es lag umgeben von Wasser, geschützt dadurch. Nicht nur durch den Wald, der sich dieser Kostbarkeit angenommen hatte, sondern auch durch das Element Wasser.

Ein kleiner Fluss. So lag es eingebettet in dem Fluss, das kleine Schloss. Das kleine Schloss der Einsamkeit. Der Wald, das Wasser – sie wussten um es. Irgendwann fernab unserer Zeit, trug es sich zu.

Es trug sich zu, dass ein alter Mann des Weges durch den Wald – ein langer Weg – das Schloss durch das Geäst der Bäume erblickte. Er stand still. Einfach stand er nur da. Verzaubert! Er blickte das Schloss einfach nur an. Ihm war, als würde es hell erstrahlen. So war ihm, tief in sich selbst.

Plötzlich ein Steg. Er gelangte über den Steg über den kleinen Fluss zum Tor des kleinen Schlosses – und das Tor erlaubte dem alten Mann den Einlass in die eigene Welt des Schlosses. Er ging durch das Tor.

Still lag es vor ihm, zeigte sich. Eine große Treppe führte ihn hoch hinauf. Ein Gang. Von diesem Gang führten Zimmer ab. Er schauderte vor Glück. Gänsehautschauer vor tiefster Ergriffenheit. Er stand auf dem Gang, sah sich wieder vor einer Tür und diese öffnete sich. Er betrat das Zimmer.

Ein Stuhl nur in dem Raum. Er setzte sich. Plötzlich kamen ihm Erinnerungen. Erinnerungen, die er längst vergessen hatte. Er lächelte still. Genau, er erinnerte sich wieder. Wieder, wie es war, einst. Die Erinnerungen zogen und zogen, zogen durch ihn hindurch. Er war glücklich!

Dann verließ er diesen Raum.

So ging er durch andere Zimmer, mehr Zimmer, die ihm Erinnerungen schenkten. Er lächelte. Er lächelte, als er auf dem Gang wieder stand.

Wieder eine Tür, die sich ihm öffnete. Er stand im Zimmer. Plötzlich wurde es warm in ihm. Zuversicht! Er fühlte eine starke Zuversicht in sich. Der Raum füllte sich mit Wärme. Hell strahlte der Raum.

So voller Wärme und Zuversicht verließ er diesen Raum. Ihm kam es vor, als ginge er durch Zeit und Raum. Er ging durch seine eigenen Räume voller Gefühle und Erinnerungen.

Die Zeit verflog leise und still.

Eine Türe aber blieb verschlossen. Er stand vor der Türe zu diesem Raum, doch sie öffnete sich nicht. Er wusste nicht, weshalb und warum. Wieso? Der alte Mann fragte sich, wieso sich diese Türe zu diesem Zimmer nicht öffnen wollte. Er stand, wartete und wartete. Er wartete und wieder. Die Türe öffnete sich nicht.

Wie aus Geisterhand plötzlich ein Schild. Ein Schild an der Türe des Zimmers, das sich ihm nicht öffnen wollte. Auf diesem Schild stand nur ein Wort. Es stand *Einsamkeit* auf diesem Schild.

Da verstand der alte Mann. Er würde nie diesen Raum betreten. Er wollte sogar diesen Raum nicht mehr betreten. Er wusste, er verstand. Er war nie in seinem langen Leben je einsam gewesen.

Der alte Mann hatte es verstanden.

Er hatte immer sich selbst.

Dann ging er den Gang überglücklich zurück. Die Treppe hinab. Durch das Tor des Schlosses hindurch und weiter den Steg entlang. Über den See.

Nach einer langen Wanderung durch den Wald kam er im Dorfe an. Und er strahlte.

Nie, nie aber erzählte er von ihm. Dem Schloss!

Gefunden

Ich
habe mich gefunden
in mir selbst
durch Dich
und durch Dich
finde ich wieder und wieder zu Dir.

Gefunden im Glück,
wir uns,
Du Dich,
ich mich,
immer wieder
und wieder.

Wir
finden uns
in uns selbst
und im anderen
und wieder
im Glück.

Was ich bin

Früher,
ich wollte Prinzessin sein,
ich wollte auf den Wolken fliegen,
ich wollte den Fischen im See hinterhertauchen,
was ich bin,
heute,
eine Frau,
die träumen kann
davon,
eine Prinzessin zu sein,
fliegen zu können,
den Fischen hinterherzutauchen!

Liebe kann ...

mich beflügeln,
immer wenn ich dich sehe.
Mich bewegen,
immer wenn dein Wort an mich gerichtet ist.
Mich erreichen,
wenn ich in deinen Armen liege.
Mich ermutigen,
wenn du mir deine Hand reichst.
Liebe kann ...
mein Ziel im Leben sein!

Vergissmeinnicht

Kleine Blume, blau und zart. Wie du wohl im Garten klein magst da vergessen sein? Denn so zart, wie du doch bist, übersieht man dich gedankenlos und nicht einmal mit List.

Blühe, blaues Blümchen klein, wachse und werde fein. Immer größer und größer, dass man dich sieht und nicht vergisst.

Kleine Blume, blau und zart. Dein Lächeln ist so unendlich smart. Niemand, der dich da ansieht, dich pflücken gerne mag, denn du bist so zart, so zart und smart.

Blühe, blaues Blümchen smart, ein jedermann dich gerne mag. Doch zart und klein blühst du schon fein, aber bist so klein – so klein.

Blaues Blümchen, klein, fein und smart, zeige uns auf deine Art, wie du wachsen kannst und verzaubern, sieht man dich mit der zarten, blauen Farbe schön im Sonnenschein.

Vergissmeinnicht, tönt es in mir, vergessen bist du nie von mir, zu schön bist du im Sonnenschein, so zart, so smart und fein. Obwohl du bist so klein. Obwohl du bist so klein, so klein. Doch es ist die Größe deiner Farbenpracht von Blau, die im Sonnenlichte scheint so hell, strahlend und so blau, so blau. Wunderschön anzusehen bist du in deiner Farbenpracht, dem Blau. Nie vergesse ich dich, du Blume da, in Blau – in Blau. Du mein Vergissmeinnicht – ich vergess dich nicht.

Eine Rose kam des Weges, rief da aus in den Farben Rot und Gelb, Rosa und Blau, Rose und Grün, so hell, findet man mich immerzu, denn auch ich habe die Rosenpracht in Blau wie du, Vergissmeinnicht, nicht nur du.

Vergissmeinnicht vergaß die Worte der Rose nicht und dachte sich: „Rosenrot, wie bist du schön, deine Farbenpracht sollt nie vergeh'n. Doch deine Blütezeit, die geht auch vorbei, bis zum nächsten Jahr, dann blühest du wie ich von Neuen doch."

Wie schön ist doch die Natur, bringt wunderbare Farben da hervor.

Besinnlichkeiten

Besinnliche Zeit
Vanilleduft zieht durch das Zimmer,
Kerzen erhellen den Raum, der im Dunkeln liegt,
besinnliche Lieder klingen leise in unseren Ohren,
wir sitzen uns gegenüber und versinken in unseren Augen,
das Licht der Kerze spiegelt sich in deinen Augen,
wir halten unsere Hände,
tief in uns fühlen wir die Ruhe dieses besinnlichen Moments,
wir fühlen uns vereint in Liebe

Der Schneemann
Er ruht so still im Schneeflockentreiben,
rot die Nase und schwarz die Augen,
sein breiter Mund aus Steinen lächelt freundlich Jedermann zu,
die Kinder tanzen lachend um ihn herum,
er wartet im still Ruhenden, um alle zu erfreuen

Die Weihnachtszeit
Freudig in Erwartung hoffen wir
auf Schneetreiben an kalten Wintertagen,
Weihnachtsmärkte laden uns ein
die Kerzen am Adventskranz leuchten hell
und sagen uns: Haltet ein im Stillen.
Schnee auf Feldern, Wiesen und Straßen liegend,
der Wald ruhend mit schneebedeckten Bäumen
birgt das Geheimnis der Besinnlichkeit.
Plätzchenduft erfüllt die Wohnungen in den Häusern,
der Adventskalender der Kinder birgt kleine süße Überraschungen,
„O du fröhliche" erklingt uns in den Ohren,
wir erlauben uns, die Weihnachtszeit mit Freuden zu erwarten,
und ersehnen uns den heiligen Abend herbei

Schneefreuden
Schneeflocken fallen auf meine Nase,
ich sehe in den Himmel und verfolge die Schneewolken,
lachend lauf ich die schneebedeckten Straßen dir entgegen,
du siehst mich mit strahlenden Augen glücklich an,
fliegend in deinen Armen finde ich mich im Glück wiede,r
meine Hände formen aus dem Schnee Bälle
und ich werfe sie in die Luft – hoch und immer höher

Am Weihnachtsmarkt
Die Augen der Kinder strahlen im Glanze der Lichter in der Dunkelheit,
Stimmen werden mal lauter, dann wieder leiser,
es riecht nach Glühwein und Waffeln,
Stände bieten allerlei zum Kauf an.
Ein Hund sitzt neben seinem Herrchen und schaut ihn treu an
Leute ziehen an uns vorbei
und lassen sich von der besinnlichen Stimmung gefangen nehmen,
Weihnachtslieder ziehen durch die Lüfte,
ich schau dir in die Augen und weiß:
Weihnachten im Glück mit dir

Der Drache und der Junge

Diese Geschichte ist schon sehr lange her. Sehr, sehr lange. Mindestens 30 Jahre, vielleicht aber noch länger. Vielleicht aber auch ein oder zwei Jahre früher. So genau kann ich es nicht mehr sagen.

Die Sommer waren damals heiß, die Wiesen waren wirklich saftig grün und das Eis, bekam ein kleines Kind mal ein Eis, schmeckte herrlich nach Vanille oder Schokolade. Meistens machte die Oma noch das Eis selbst. In einem alten Kühlschrank im Gefrierfach gefror es dann eine Weile vor sich hin. Jedes Kind liebte seine Oma für deren Eis. Opa nahm die Kinder oft mit in den Wald. Alles war früher ein bisschen anders.

Es war anders. Auch für Sebastian. Der Spätsommertag war sehr anders. Aber ich will diese Geschichte von Anfang an erzählen.

Sebastian ist ein zehn Jahre alter Junge. Er besuchte oft seine Großeltern, die einen kleinen Hof hatten. Damals, vor langer Zeit. Auf dem Hof gab es ein Pferd, Balduin nannte man das Pferd. Ein gutmütiges Pferd, auf dem Sebastian oft reiten durfte, wenn Opa es ihm erlaubte. Benji, der Hofhund, bellte immer hoch erfreut, wenn Sebastian mit seinem Fahrrad angefahren kam. Es war von seinen Eltern zu seinen Großeltern keine allzu weite Strecke, die fuhr er gerne mit dem Fahrrad. Im Winter ging er durch Schnee zu Fuß zu den Großeltern.

Sebastian war gerne bei den Großeltern. Seine Oma konnte so toll backen und kochen und sein Opa die schönsten Geschichten erzählen. Benji, der Hofhund, lag dann oft zu Sebastians Füßen und der Junge streichelte den Hund, während er den Geschichten von Opa zuhörte.

Auf dem Hof gab es noch drei Kühe, einige Ziegen und Hühner. Manchmal besuchten zwei Katzen Sebastians Großeltern, die er dann streicheln konnte.

An diesem Spätsommernachmittag aber sagte sein Opa zu ihm, er solle in die Scheune gehen. Sebastian wusste nicht, warum, war aber sofort neugierig. Seine Oma und sein Opa gingen Sebastian nach, der eilig in die Scheune lief, die gegenüber dem alten Wohnhaus war. Er lief am Gemüsegarten vorbei und am Walnussbaum vorbei. Dann machte er das Tor zur Scheune auf. Es war etwas dunkel und seine Augen mussten sich erst an das dunkle Licht in der Scheune gewöhnen.

Doch was lag da? Er hatte sich an das Dämmerlicht gewöhnt. Draußen im Hof ging ein stärkerer Wind jetzt. Die Tür zur Scheune schlug immer gegen die Scheune. Sebastian wurde nervös. Er rieb sich die Augen. Sah er das richtig oder täuschte er sich etwa? Vor ihm auf dem Boden der Scheune lag der schönste Drachen, den er je gesehen hatte. Er war bunt mit langen Schleifen. Wie sehr er sich doch einen Drachen zum Steigen gewünscht hatte! Er träumte oft in seinem Bett davon, wie er schnell mit dem Wind lief und den Drachen dabei toll in die Lüfte bekommen würde. Doch es war immer nur ein Traum. Ja, ja, bis heute.

Er sah seinen Opa mit großen Augen an, lief dann zu seiner Oma und umarmte sie herzlich. „Danke Oma, danke Opa", flüsterte er ergriffen. Dann nahm er den Drachen hoch. Ganz vorsichtig. Er blickte zu seinem Opa und sein Opa nickte lächelnd. Sebastian ging mit dem Drachen nach draußen. Sofort flatterten die Schleifen eifrig mit dem Wind. Er war überglücklich.

Auf der nahen Wiese beim Hof wehte der Wind noch fester und Sebastian lief schneller wie der Wind auf die Wiese zu. Er lief und lief und lief und der Drache stieg in die Lüfte hoch empor. Seine Großeltern waren ihm gefolgt und freuten sich mit Sebastian, der laut vor Glück lachte.

Der Drachen stieg höher und höher und für Sebastian war er der schönste Drache, den er je gesehen hatte. Seine Oma hatte ihm nämlich vorhin erzählt, dass sein Opa ihn für Sebastian extra gebastelt hatte.

Lange blieb Sebastian stehen und schaute zu dem Drachen am Himmel. Seinem Drachen. Er schien still zu stehen da oben und nur die Schleifen flatterten hin und her.

Dann holte er den Drachen langsam herunter. Als der Drachen wieder wohl verstaut am Boden der Scheune lag, ging er zu seinem Opa. Schaute ihm tief in die Augen, dann strahlte er über das ganze Gesicht seinen Opa an und sagte: „Opa, danke, ich hab dich so lieb!" Alle waren an diesen besonderen Spätsommernachmittag überglücklich.

Jahre später, viele Jahre später schenkte Sebastian seinem Sohn einen Drachen, doch bevor er ihm den Drachen gab, erzählte er seinem Sohn von diesem Spätsommernachmittag, der so lange her war.

Der Traum vom Traum

Manche Menschen laufen ihr Leben lang einem Traum hinterher. Sie wünschen sich nichts sehnlicher, als etwas Besonderes zu sein, und sind so voller Zweifel über sich selbst, dass sie pessimistische Grundzüge in sich tragen. Stundenlang können sie über ihre Schwächen berichten, aber einen Blick für ihre starke Seiten haben sie nicht entwickelt. Statt in sich zu hören und sich selbst ernst zu nehmen, bewundern sie Menschen, die in ihren Augen das Besondere verkörpern. Ob es Aspekte der Optik sind oder innere Veranlagungen oder Talente, an anderen sehen sie sofort, was sie sich selbst absprechen. Hierzu habe ich eine Geschichte verfasst:

Die Frau im Schaufenster
Wie jeden Morgen stand Lena früh morgens auf und machte sich erst einmal einen Kaffee in der Maschine, um anschließend unter die Dusche zu gehen. Nachdem sie fertig war, sah sie sich im Spiegel im Badezimmer an. Sie sah eine blonde Frau mit langen Haaren und grünen Augen. Lena war 28 Jahre alt. Die meisten Menschen, die sie kannten, fanden sie sehr hübsch, nur Lena hatte an sich und ihrem Äußeren immer etwas auszusetzen. Die Augen waren zu klein und die Wangenknochen traten, ihrer Meinung nach, zu stark hervor. Sie föhnte sich die Haare und schminkte sich die Augen. Nur dezent allerdings. Dann zog sie sich an. Als sie noch einen Hauch Parfum aufgelegt hatte, ging sie in die Küche, um sich eine Tasse Kaffee zu holen. Sie hatte Urlaub und wollte sich in der Stadt noch eine Jeans holen, falls sie eine finden würde. Danach wollte sie sich mit ihrer Freundin Beate zum Mittagessen treffen. Der Kaffee schmeckte ihr sehr gut und sie zündete sich eine Zigarette an. Lena war eine alleinstehende Frau, Single. Sie hatte schon seit ein paar Jahren keine feste Beziehung mehr. Ihr Single-Leben mochte sie sehr. Ihre Wohnung lag so zentrumsnah, dass sie das Stadtzentrum sehr gut zu Fuß erreichen konnte.

Sie stand vor einem Schaufenster eines Schuhladens und besah sich die neue Kollektion, die im Fenster ausgestellt war. Da trat ein gut aussehender Mann zu ihr heran. Er sah sie sehr intensiv an. „Guten Morgen!", sprach er auch schon Lena an. Diese erwiderte den Gruß freundlich. Darauf fuhr er fort: „Was sehen Sie, wenn Sie ins Schaufenster schauen?"

Verdutzt blickte Lena ihn an. Sie wusste mit der Frage nichts anzufangen, weil ja klar war, dass hier Schuhe zum Verkauf angeboten wurden. Doch im Schaufenster spiegelte sie sich.

Der fremde Mann fuhr fort: „Ich werde Ihnen jetzt beschreiben, was ich sehe! Ich sehe eine wunderschöne Frau vor mir mit einer wunderbaren Ausstrahlung."

Lena wurde rot bei diesem Kompliment. Der fremde Mann war ihr von Anfang an sehr sympathisch und als er sie zu einer Tasse Cappuccino einlud, kam sie der Einladung gerne nach. Gleich in der Nähe des Schuhgeschäfts war ein Café und sie gingen hinein. Wählten sich einen Platz aus und er bestellte für beide. Dann stellte er sich als Oliver vor.

Nach einer Weile Small-Talk wurde das Gespräch ernster. Er bat sie, sich mal vom Wesen her zu beschreiben. Ihr fielen einige Punkte auf Anhieb ein: ungeduldig, schüchtern, leicht aufbrausend und launisch. Da bat er sie, einzuhalten in den Ausführungen. Er forderte sie auf, nun die Stärken zu beschreiben. Sie überlegte und es fiel ihr schwer, ihm ihre Stärken zu beschreiben. Nach längerer Überlegung kam sie zu den Eigenschaften ehrgeizig und fleißig. Sonst fiel ihr nichts weiter darauf ein.

Oliver zog ein Päckchen Karten aus der Tasche. Er legte die vier Damen und die vier Buben auf den Tisch. In die Mitte legte er das Herzass. Dann begann er zu erklären: „Das Herz Ass bist du. Um dich herum lege ich dein Umfeld. Die vier Damen und die vier Buben zählen für dein Umfeld. Wie die Damen und Buben um dich herum verteilt sind, so sind auch die Eigenschaften bei den Menschen in deinem Umfeld um dich herum in den Wesen der jeweiligen aufgeteilt. Herzlichkeit, Fürsorge, Interesse und Freundlichkeit. Sie sehen dich als Mittelpunkt an und sind verzaubert durch dein Charisma. Deine negativen Seiten, über die du so gerne berichtest, werden sie als vollständig zu dir gehörend ansehen. Genauso wie sie deine positiven Seiten als zu dir gehörig sehen. Die Menschen aber in deinem Umfeld lassen sich von deiner Optik und von deinem Wesen begeistern. Sie sind dir zur Seite wie die Damen und die Buben um dich als Herzass herum. Du kannst den Menschen mit den gleichen Eigenschaften begegnen, wie sie dir bei ihnen auffallen. Herzlich kannst du ihnen begegnen, du kannst die Fürsorge bei ihnen walten lassen. Du kannst ihnen und ihren Interessen, Ansichten und Meinungen immer mit Interesse begegnen und du kannst jederzeit freundlich zu ihnen sein. Das alles macht dich zu einer Freundin, auf die keiner verzichten mag. Auch in einer Beziehung gelten diese Eigenschaften, aber in einer guten Beziehung kommen noch viele Dinge mehr hinzu. Treue ist die wichtigste."

Lena hörte Oliver aufmerksam zu.

Bald war es an der Zeit für beide, sich zu verabschieden. Lena dankte für das schöne Gespräch und machte sich auf den Weg zum Mittagessen mit ihrer Freundin. Gleich erzählte Lena ihr von der eigenartigen Begegnung mit Oliver. Lena hatte viel von dem Vormittag für sich gelernt.

Wir alle haben positive wie negative Eigenschaften, die aber von einem anderen Blickwinkel nicht immer als negativ ausgelegt werden müssen. Sie gehören zu unserem Wesen hinzu. Temperament zum Beispiel. Man kann leidenschaftlich streiten, aber auch leidenschaftlich lieben. Es gibt immer zwei Seiten. Nur dürfen nie der Respekt und die Achtung vor anderen verloren werden. Auch sollte man in seinem Tun nie außer acht lassen, das man Taten und Worte vermeiden sollte, die den anderen stark verletzen könnten. Nicht umsonst zitiert man gerne den Spruch: *Was du nicht willst, das man dir tut, das füg auch keinem anderen zu!* Darum sollte man zu seinen Eigenschaften stehen und nicht immer voller Zweifel an sich selbst sein! Jeder ist für sich selbst und auch für andere im Umfeld etwas Besonderes.

Träume nicht den Traum vom Traum, etwas Besonderes zu sein, sondern akzeptiert, dass man für manche etwas Besonderes ist.

Die Kerze

An einem Tag im Winter sah die junge Frau die Kerze im Laden stehen und sofort gefiel sie ihr sehr. Sie kaufte sie und freute sich daran, dass bald ihr Kerzenschein im Dunkeln leuchten würde. Eingepackt in Papier und in einer großen Plastiktüte trug sie sie nach Hause und stellte sie im Wohnzimmer in einen Kerzenständer. Die Kerze war cremefarben mit einem roten, weihnachtlichen Motiv.

Da stand sie nun auf dem Wohnzimmertisch und machte sich sehr gut dort. Neben der Kerze standen schon kleine Weihnachtsmann-Figuren. Nachdem einige Abende vergangen waren, machte sich die junge Frau eine Flasche Wein auf, legte leise Musik auf und zündete die Kerze an. Bequem setzte sie sich mit einer Decke auf ihre Couch und deckte sich zu. Alles im Raum war wunderbar gemütlich. Der Wein schmeckte ihr gut.

Sie hing ihren Gedanken nach, als ihr Blick auf die lodernde Flamme fiel und sie traute ihren Augen kaum. Es war, als würde in den Flammen ein Gesicht erscheinen. Immer deutlicher sah sie die Augen vor sich und wunderte sich sehr. Es waren wunderbare blaue Augen, die im Kerzenlicht deutlicher und deutlicher wurden. Erschrocken blies sie die Kerze aus und zündete sie gleich wieder an. Diesmal aber war es nur das normale Kerzenlicht einer wunderschönen Kerze. Die Frau dachte, dass sie wohl geträumt habe, und lauschte entspannt den beruhigenden Liedern. Kurze Zeit später war sie wieder ruhig und dachte nicht weiter an die Augen. Nach einigen Stunden und zwei Gläsern Wein ging sie zu Bett.

In ihrer Arbeit waren alle schon in Weihnachtsstimmung und freuten sich auf den Heiligen Abend und die Feiertage. Es war eine schöne Stimmung im Büro. Nach Feierabend ging die junge Frau in den Supermarkt und kaufte noch ein paar Lebensmittel ein. An der Kühltheke holte sie sich gerade eine Tiefkühlpizza, als ihre Hand eine andere Hand streifte, die im gleichen Moment nach der Packung Pizza griff wie sie. Sie blickte auf und – ja, sie schaute in genau die Augen, die sie im Kerzenscheine ein paar Tage zuvor gesehen hatte.

Lachend kamen die beiden ins Gespräch. Sie alberten eine Weile herum und dann lud der junge Mann sie auf eine Pizza zum Italiener ein. Schon im Supermarkt hatten sie herausgefunden, dass beide Single waren. Zu gerne kam sie der Einladung zum Essen nach.

Nach einem herrlich amüsanten Abend und einem sehr guten Essen trennten sie sich, aber nicht, ohne die Telefonnummern getauscht zu haben. Er rief sie am nächsten Tag an und sie telefonieren eine lange Weile.

Der Heilige. Abend kam und sie verbrachten den Abend in ihrer Wohnung. Sie saßen beide auf der Couch und die junge Frau hatte die Kerzen angezündet. Im Kerzenlicht sahen sie sich tief in die Augen. Dann küssten sie sich. Die wundersame Kerze spendete ihnen ihr Licht.

Am Tage du

Dich sehen,
erleben,
heiter,
dich
und so weiter,
leben,
lieben,
du,
am Tage dich,
du!

Wenn die Nacht anbricht

wach liegend,
dort,
am Ende der Zeit,
gebettet auf Rosen,
ohne Dornen,
von dir,
du,
der du alles für mich bist.

Immer wieder nur dich

Andere Männer sehe ich nicht,
immer wieder nur dich.

Sie laufen an mir vorbei,
immer wieder nur dich.

Nichts existent in meinem Kopf,
immer wieder nur dich.

Dich sehe ich,
immer wieder nur dich!

Du gibst ...

Mir so viel,
dich.

Du schenkst,
soviel,
dich.

Du gibst so viel.
Dich!

Du!

Am Tage

Morgens,
beim Gedanken an dich,
erwacht.
Am Tage bist du.

Mittags,
beim Gedanken an dich,
esse ich.
Am Tage bist du.

Nachmittags,
beim Gedanken an dich,
arbeite ich.
Am Tage bist du.

Abends bist du da,
am Tage warst du es in Gedanken an dich.

Du – dich

Du,
dich,
findend im Ich.
Mit mir,
unserer Liebe.
Du,
dich,
findend im Wir.

Prinzessin Frei

Es war einmal vor vielen Jahren, irgendwo hinter den Wäldern, eigentlich nicht unbedingt erreichbar für den Wanderer. Es gab ein Königreich. Natürlich hatte das Königreich auch seine Prinzessin. Die Prinzessin Frei.

Manche Prinzessinnen sind schwarzhaarig oder braunhaarig. Meine Prinzessin aus der Geschichte ist blond. Sie hatte ein wunderschönes Gesicht. Doch vielmehr beeindruckte ein Ausdruck in ihren Augen. Er sprach von Freiheit, wenn du in ihre Augen gesehen hattest. So bekam sie schon als Baby von ihren Eltern den Namen Frei.

Die Prinzessin hatte manches Schicksal bereits gemeistert. Vieles erreicht in ihrem Leben. Sie war durch ihr tiefgründiges Lächeln gerne gesehen. Der Hofstaat brachte die Prinzessin Frei nur zu gerne zum Lachen. Jeder wollte ihr Lächeln für sich haben. Es wärmte einen nicht nur in kalten Wintertagen. Es steckte auch viel Weisheit in diesem Lächeln. Es war, als würde man an einen Märchenozean sitzen, die Märchenwellen beobachten und man war frei. Frei wie eben der Name der Prinzessin war.

Sie hatte wieder auf ihrem Lebensweg ein Schicksal zu meistern. Schicksale sind dazu da, um aus ihnen zu lernen, wenn man sie gemeistert hatte. Frei meisterte jedes Schicksal mit ihrem tiefgründigen Lächeln. Je mehr das Schicksal groß zu werden drohte, desto mehr vertiefte sich ihr tiefgründiges Lächeln. Tief in ihr ruhte ihr Lächeln, es verging nie. Ein leises, nicht lautes Lächeln um ihren Mund herum. Ihr Lächeln drängte sich einem nie auf. Ihr Blick, der Freiheit, versprach, tat das Übrige dazu.

Eines Tages war das Schicksal sehr groß. Es hatte sich aufgebaut vor ihr. Da kam ein kleines Bauernmädchen auf sie zu und schenkte ihr einen Spiegel. Einen kleinen, sehr einfachen Spiegel. Das Mädchen strahlte die Prinzessin aufrichtig und heiter an. „Prinzessin, sei nicht traurig! Ich hab dir einen Spiegel mitgebracht. Er ist nur für dich alleine. Blicke bitte jetzt einmal in diesen kleinen, einfachen Spiegel. Schau in deine Augen. Er sagt dir, wie frei du doch in dir bist. Lächle dein tiefgründiges Lächeln bitte einmal für dich. Es zeigt dir, wie stark du in dir bist. Prinzessin, nur einmal in den Spiegel schauen, bitte!"

Die Prinzessin blickte in den Wunderspiegel und auf einmal nickte sie. Ein einfaches Nicken. Sie verstand und lernte. Das Schicksal verlor sofort an Größe. Nun lächelte die Prinzessin das kleine Mädchen liebevoll an. Hüpfend entfernte sich das kleine Mädchen wieder.

In dir ist die Kraft, jedes Schicksal kleiner werden zu lassen. Das war die Botschaft des Spiegels. Frei war nun frei! Vom Schicksal!

Wie ich dich doch rief

An manchen Tagen,
so einsam in mir,
ich rief nach dir.
An manchen Nächten,
vor Sehnsucht so tief,
ich rief nach dir.
An manchen Zeiten,
sorgenvoll so sehr,
ich rief nach dir.
Dann erhörtest du mich.
Dafür lieb ich dich.

Hinter dem Mond

ich will mit dir – ja ich will – fliegen hinter den Mond,
will treiben in der Unendlichkeit – hinter dem Mond,
weiter – immer weiter
zu Planeten, unbekannt und neu,
mit dir,
nur mit dir,
hinter dem Mond,
wartend,
ich,
mit dir auf die Glückseligkeit,
hinter dem Mond,
treibend,
im Glück,
mich findend in dir,
hinter dem Mond

Liebesschwüre

Liebesschwüre
Ich flüstere sie dir,
ich schreie sie dir,
ich male sie dir,
ich reime sie dir,
ich schenke sie dir.

Katzes Traum

Die Katze träumt so leise, still,
sie gerade im Traum einen Schmetterling gar lustig fangen will,
er flattert hin und flattert her,
stürzt sich ins schöne Blumenmeer,
auf leisen Pfoten schleicht, im Traume, sie sich heran,
damit sie jetzt den Schmetterling sogleich doch fangen kann,
doch auf einmal ein Geräusch von irgendwoher,
die Katze zuckt noch leicht in Gegenwehr,
sie ist auf Jagd im Traume sehr,
aufzuwachen fällt ihr da doch jetzt schwer.
Da wacht sie auf und man jetzt denken möcht:
„Sie fing den Schmetterling doch nicht im Traum,
vielleicht aber doch den Vogel, jetzt wach, auf einem Baum!"

Du liebst mich

In dir nie die Frage gewesen,
nur immer das Gefühl für mich,
du nimmst mich bei der Hand,
gehst mit mir durch das Wunderland.
Gemeinsam erforschen wir die Seen und Meere,
gehen hinauf auf des Berges höchste Ebene,
fliegen mit den Adlern im Winde.
Du liebst mich!

Ich schenke mich

Heute erfinde ich mich,
für dich,
schenke ich mich,
für dich,
behalte ich mich,
für dich,
befreie ich mich,
für dich,
halte ich mich,
für dich.
Heute – ich schenke mich!

Zweisamkeit

Mit dir,
erleben,
Zweisamkeit,
keine Einsamkeit,
in deinen Armen findend,
Geborgenheit.
Du.
Zweisamkeit in Liebe.

Im Dunkeln

Dunkelheit umhüllt noch die Welt,
es ist frühmorgens,
noch müde wandern meine Gedanken zu dir,
in Gedanken an dich mache ich mir Kaffee,
Morgenstund' hat bekanntlich ja Gold im Mund,
ich schau aus dem Fenster,
das Laternenlicht durchbricht mit ihrem Strahlen die Dunkelheit,
dich in Gedanken umarmend träume ich vor mich hin.
Du!
Immer wieder du!
Die Gedanken an dich strahlen in mir hell.
Hell durchbrechen meine Gedanken die morgendliche Dunkelheit.
Du bist mein Licht,
Licht meines Lebens in der Dunkelheit.
Du.
Meine Liebe.

Dich

Dich denken,
fühlen,
hoffen,
glauben,
erleben,
Du!

Blatt im Wind

Auf ein Blatt vom Kirschbaum
ein Herz malend für dich.
Das Blatt trägt der Wind ins Irgendwohin.
In die Unendlichkeit.
Weiter und weiter.
Bis zu dir.
Lies meine Botschaft.
Das Herz steht für:
Ich liebe dich!

Schlaf

Dich beobachtend,
du bewegst dich leicht,
ein Lächeln auf deinen Lippen.
Tief schläfst du,
denkst du im Traum wohl an mich?
Träumst du vielleicht von mir.
Die Decke leicht auf dich legend,
dich nicht stören wollen.
Dein Lächeln im Schlaf brennt sich in meine Gedanken ein,
dein Schlaf,
du im Schlaf,
wunderschön.

Wohin

Wohin gehen wir morgen?
Im Heute die Frage stellend,
hoffend auf eine Zukunft
mit dir,
gemeinsam
Hand in Hand.
Du, mein Freund
Ich sehne mich nach deinem liebevollen Blick,
du, mein Freund, an meiner Seite.
Ich hoffe auf ein weiteres Leben mit dir,
du, mein Freund ,an meiner Seite.
Ich liebe dich so sehr,
du, mein Freund, an meiner Seite.

Liebesreigen

Wir tanzen
gemeinsam
den Liebesreigen,
umarmen uns im Liede der Liebe geschwind,
sind heiter wie ein kleines Kind.

Erwacht

Aus dem Dornröschenschlaf bin ich erwacht,
hab in deinen Armen herzlich gelacht,
Heiterkeit machte sich breit,
war für die Liebe zu dir in mir so bereit.
Immer an deiner Seite möchte ich gehen,
mit dir im Leben noch viel erleben,
Hoffnung auf ein Leben mit dir so tief in mir,
vergib meine Verletzungen ab und zu bitte mir.
In Gedanken wärme ich dich in der kalten Nacht,
wenn du aus Träumen vor Schrecken erwachst,
bei Tag und bei Nacht lebe ich mit dir,
die Liebe zu tief liegt verborgen tief in mir.
Immer will ich dich lieben zu jeder Zeit,
bin für Unfug mit dir immer bereit,
deine Hand halte ich, wenn du gegen Wände rennst,
du doch in dir meine Sehnsüchte kennst.
Ich liebe dich für den Rest meiner Zeit,
bin die Wege bereit zu gehen zu zweit,
nie lass ich dich jetzt mehr allein,
will immer an deiner Seite sein.

Niemals mehr ohne dich

Nie mehr allein,
will immer bei dir sein.
Ich liebe dich,
liebe du auch immer mich.
Wie ich dich sehe,
in meinen Augen bist du Geliebter
und dann mal Kind,
Lehrer,
Schüler
und dann Mentor
und dann ein Wirbelwind.

Du kannst ernst sein
und dann albern so sehr,
mal ernsthaft in dir,
dann fällt dir lautes Lachen nicht schwer,
bist voller ernster Gedanken in dir,
dann gefällt deine Heiterkeit so sehr mir.

Mal bist du gut drauf,
dann still in dir,
du bist mal leise,
dann laut neben mir,
ich höre dir zu oft,
dann schweig ich dich an,
mal bist du ein kleiner Junge,
dann ein großer Mann.

Dein und immer nur dein

Ich bin ich
und doch gehöre ich dir,
bin selbstständig immer
und doch an deiner Seite.
Lache laut neben dir
und schweige für dich,
Dein und immer wieder nur dein,
will ich jetzt für alle Zukunft immer sein.
Dein Blick

Du siehst mich so an
wie ich dann träumerischer nicht mehr sein kann,
flieg in mir hoch hinaus,
wie ein kleiner Vogel weit raus.

Du schenkst mir dein Lachen,
ich schwärme von dir,
bitte schenke deine große Liebe doch immer nur mir.

Ich kann dir nie ganz sagen,
was du mir doch bist,
ich spreche für dich von Liebe,
wirklich ohne jede List.

Dein Blick ist magisch,
ein Kribbeln auf der Haut,
die Intensität darin,
mir doch so vertraut.

Nie mehr im Niemandsland

Will immer fliegen mit dir,
mit dir alleine,
im Liebesland.
Nie mehr verirren,
ich mich,
nun mal,
im Niemandsland.
In Unserland,
wir uns immer in Liebe,
erkannt,
nie wieder Niemandsland.

Dein Tun

Stark,
Kraftvoll,
Geheimnisvoll,
bekannt,
dein Tun.

Wenn ich traurig bin

Manchmal,
meine Gedanken so schwer,
schenkst du mir ein Lachen,
bin ich ohne Gegenwehr.
Manchmal,
meine Traurigkeit so tief in mir,
schenkst du mir einen Kuss,
bin ich ohne Verdruss.

Du

Ich,
wir,
Du,
finden dich,
in deinem ich,
Du,
und immer wieder nur du.

Ich gehe mit dir

Ich gehe mit dir,
führe mich durchs Leben an deiner Hand,
leiten lass ich mich durch unser tiefes Band,
halte mich,
lass mich fliegen im Glück,
schwerelos,
find ich doch immer wieder zu dir zurück.

Wir sind stark

Manchmal
kämpfen wir gemeinsam
gegen
Drachen,
Ungeheuer,
wir,
so stark,
in uns,
gemeinsam.
Wir sind stark.

Dich und immer nur dich

Ich sehe dich,
dich und immer nur dich.

Ich atme dich,
dich und immer nur dich.

Ich fühle dich,
dich und immer nur dich.

Ich weiß dich,
dich und immer nur dich.

Ich spüre dich,
dich und immer nur dich.

Dich und immer nur dich,
liebe ich.

Worte an dich

Ein Wort und noch ein Wort,
nebeneinander,
zueinander,
aneinander,
mit einen Sinn,
geschrieben von mir:
bleib immer hier!

Sonnenschein

… und wieder bringt der Sonnenschein den Frieden mir ins Gemüt hinein. Ich liebe. Ich liebe den Sonnenschein an einem warmen Sommertag. Ich liebe den Sonnenschein im Frühling, wenn alles erblüht, und ich liebe den Sonnenschein im Herbst wie auch im Winter.

Liebe zum Leben!

Frieden!

Einfach einmal die Seele baumeln lassen im Sonnenlichte. Tiefes Atmen der frischen Luft, und wenn eine leichte Windbrise geht, einfach nur Mensch sein.

Das Sonnenlicht, die Sonnenstrahlen durchdringen einen so tief und man fühlt die Freiheit tief in sich für Augenblicke, ja, für lange Momente sogar. Und wieder bringt der Sonnenschein den Frieden mir ins Gemüt hinein. Nimm Ausgelassenheit, gute Laune und Heiterkeit als Wegbegleiter durch den Tag. Weil, ja, weil ich das Sonnenlicht, den Sonnenschein so mag.

Sonne am Himmel. Leuchtend! Durch den Sonnenschein leuchtet auch das Gemüt in einem. Heller und freundlicher ist es in mir. Und wieder bringt der Sonnenschein den Frieden mir ins Gemüt hinein.

Den Sonnenschein teile ich mit so vielen – und so vielen geht es wie mir, der Gedanke beflügelt mich, und wieder bringt der Sonnenschein den Frieden mir ins Gemüt hinein. Im Einklang mit mir selbst. Ruhend und so zufrieden. Einfach genießen. Den Sonnenschein, die Sonne.

Lasse für deinen inneren Frieden einfach einmal die Sonne in dein Herz hinein!

Wir schreiben noch immer das Jahr des Virus, der Pandemie und doch fühle ich in mir eine Zufriedenheit. Diese Zufriedenheit möchte ich mit IHNEN teilen. Finden Sie Ihr Glück, Ihre Zufriedenheit und bleiben Sie gesund.

Ihre Dani Karl-Lorenz

Die Autorin

Dani Karl-Lorenz wurde in einer Kleinstadt im Herbst 1967, Oktober, in der Oberpfalz (Bayern) geboren. Sie ist Autorin aus Leidenschaft. Fotografiert mit Hingabe. Hat unter dem Namen Dani Lorenz schon veröffentlicht. Die Schreiberei wie auch das Fotografieren, gehören zu den Dingen, zu ihren Hobbys, die sie nicht mehr missen möchte. Veröffentlichungen erfolgten in verschiedenen Sammelwerken und Anthologien bei diversen Verlage. Mehr auf ihrer Homepage unter www.danilyrik.de lesen.

Buchtipp

**Dani Karl-Lorenz:
Die Abenteuer des Katers Casar**

ISBN: 978-3-96074-384-2
Taschenbuch, 130 Seiten

Der kleine Kater Casar entdeckt seine Welt. Eine Welt der Freundschaften. Eine Welt der Abenteuer. Eine Welt der Freude und der Erfahrungen. Kleiner Kater Casar – Mut ist, wenn man lacht, dort, wo man Abenteuer erlebt und Erfahrungen macht.

Dani Karl-Lorenz vereint in dieser Anthologie Gedachtes und Gedichtetes ihres schriftstellerischen Schaffens der zurückliegenden Jahre.